Aimer
Souffrir
Guérir

Création et édition : Juillet 2023
Créateur : BALAT Cyril, Toulouse
Imprimé à la demande
Imprimé en France
Date de la première impression: Juillet 2023
Code ISBN : 9798852664914

Ce livre est né avec une mission :

Celle de comprendre et guérir nos cœurs.

- Sommaire

La souffrance du cœur

Quand le cœur souffre, la douleur s'efface lentement avec le temps.

Mais les souvenirs demeurent, comme des échos mélancoliques qui nous rappellent d'où nous venons.

C'est ainsi que commence une bataille acharnée, pour apaiser nos cœurs blessés et les guérir de leurs douleurs.

La souffrance du cœur

La souffrance du cœur est une émotion profonde. Avoir mal au cœur va au-delà de la douleur physique. C'est une sensation qui vient de l'intérieur et rappelle notre **vulnérabilité émotionnelle.**
Cela peut survenir lors de moments difficiles, d'épreuves ou de pertes. La peine de cœur peut provenir d'une rupture, d'une perte, d'une trahison ou de regrets. Quelle que soit la cause, la douleur est profonde et tangible.
Elle engendre divers sentiments : la tristesse, la colère, la frustration. Chaque battement rappelle la blessure non cicatrisée. Les pensées tourbillonnent, cherchant des réponses.

La douleur est temporaire. Avec le temps, elle s'atténue et laisse place à la guérison. Les cicatrices témoignent de notre parcours et de notre résilience.

Dans ces moments de souffrance, il faut permettre à nos émotions de s'exprimer et de trouver des moyens sains de les traverser. C'est normal de ressentir de la tristesse, de la colère ou de la frustration. Prendre le temps de pleurer, de partager notre douleur avec des proches compréhensifs peut être bénéfique pour notre guérison.

La guérison du cœur est personnelle et unique pour chaque individu. Il faut se donner du temps pour se reconstruire, apprendre à se pardonner à soi-même et aux autres, et trouver des moyens de cultiver l'amour et la compassion envers soi-même. La guérison peut prendre du temps, mais avec chaque pas en avant, nous renforçons notre résilience intérieure.

La souffrance du cœur peut également être un catalyseur de croissance personnelle. **Elle nous invite à réfléchir sur nous-mêmes, nos choix, nos valeurs et nos aspirations les plus profondes.** Elle nous pousse à chercher la sagesse et la compréhension, à approfondir notre connexion avec notre moi intérieur et à nous ouvrir à de nouvelles perspectives et possibilités.

Si tu as mal au cœur, sache que tu n'es pas seul. Entoure-toi de ceux qui t'aiment, cherche du réconfort, guéris à ton propre rythme. La souffrance ne te définit pas, elle te rend plus fort.

Décrivez une ou deux périodes de votre vie où vous avez été profondément blessé émotionnellement. Comment cette blessure a-t-elle influencé vos relations et votre perception d'un couple?

....

....

....

....

....

....

....

....

....

....

....

Vivre une séparation:

Qu'elle soit choisie ou subie, une rupture peut être douloureuse des deux côtés. Une histoire se clôt, dans laquelle nous avons investi notre cœur, notre temps, nos envies, nos désirs et nos espoirs, et soudainement, tout s'effondre.

La séparation respectueuse: minimiser les souffrances par l'honnêteté:

Quitter quelqu'un n'est jamais facile, tout comme être quitté. Mais, on peut essayer de minimiser les souffrances de chacun en agissant avec respect. Il faut s'exprimer en face-à-face et être honnête sur les raisons, en évitant toutefois de révéler des détails blessants comme une tromperie. Après avoir partagé de beaux moments ensemble, il faut offrir cette explication honnête à l'autre, car cela montre du respect pour ce qu'ils ont vécu. En fin de compte, choisir de se séparer avec respect est toujours préférable à des méthodes désagréables telles que la rupture par SMS ou en gardant le silence.

Les montagnes russes émotionnelles post-ruptures:

Après une rupture, nous sommes submergés par un large éventail d'émotions : tristesse, colère, haine, incompréhension, voire déni (on se dit que cela ne peut pas être vrai, que cela ne peut pas nous arriver). Un sentiment d'abandon, de trahison et d'injustice nous envahit, laissant un vide vertigineux et un profond manque. Nous aspirons à retrouver la vie d'avant, mais tout semble si confus et nous ne comprenons pas ce qui se passe réellement.

La fin d'une relation amoureuse nous amène à nous remettre en question de mille façons : qu'avons-nous mal fait ? Comment aurait-on pu agir différemment ? Que dire où ne pas dire pour que l'autre revienne ? On espère parfois des explications qui ne viennent jamais. La personne qui était si importante pour nous manque terriblement, et nous nous retrouvons face à une solitude écrasante. Les larmes coulent abondamment, et parfois on régresse en cherchant du réconfort dans la glace, le chocolat et la télévision - et c'est tout à fait normal ! D'autres fois, on perd l'appétit, on dort mal et on se réfugie dans des activités de divertissement pour échapper à la réalité. Tout nous paraît insipide, et nous nous isolons en nous coupant des autres.

Faire confiance au temps:

Avec le temps qui s'écoule, une prise de conscience s'installe : l'autre est désormais absent. Les instants partagés avec cette personne, les routines que nous avions, tout cela appartient dorénavant au passé. En envisageant ce qui viendra, des défis surgissent...

Il nous faut réapprendre à vivre sans cette personne et redécouvrir une existence individuelle, mais cela ne se fera pas du jour au lendemain. Le temps joue un rôle essentiel dans la guérison des blessures, et ce que nous ressentons actuellement ne sera pas éternel. Peu à peu, nous pourrons renouer avec nos amis, même si, au début, notre esprit est ailleurs, et que nous ne sommes pas pleinement présents. Au fil des jours, nous retrouverons graduellement le sourire et apprécions de nouveau les moments de partage avec ceux que nous aimons, ceux qui demeurent toujours présents dans nos vies.

Les Opportunités et les Leçons d'une Rupture Amoureuse:

Une rupture peut également être une opportunité de reprendre une activité délaissée ou de renouer avec des personnes que nous avions perdues de vue (parce que l'autre ne les appréciait pas). En réalité, c'est l'occasion de se recentrer sur soi, de s'adonner à des activités qui nous procurent du plaisir.

Parfois, nous choisissons de rester ami-e-s avec celui ou celle qui nous a quitté, car nous pensons que cela sera plus facile et moins douloureux, tout en espérant secrètement que l'autre changera d'avis...

D'autre part, la rupture peut parfois se révéler salvatrice et bénéfique. Oui, cela peut arriver ! Car, après tout, une relation amoureuse n'est pas toujours idyllique. Une fois séparés, nous réalisons que nous n'étions peut-être pas si heureux-ses que ça. Alors, de nouvelles perspectives s'ouvrent à l'horizon, offrant l'occasion de faire de nouvelles rencontres. Quelle que soit l'issue de cette histoire (qu'elle se soit bien ou mal terminée), elle viendra enrichir la bibliothèque de nos souvenirs.

Quand l'Amour S'évanouit, L'Espoir demeure:

Il est regrettable que l'amour puisse s'évanouir, car les sentiments ne se contrôlent pas. Parfois, il arrive que nous ne soyons tout simplement pas compatibles. Cependant, cela ne veut pas dire que nous devons abandonner l'idée de l'amour, car il y a forcément quelqu'un, quelque part, qui serait ravi de faire notre connaissance et de partager du temps avec nous !

Accepter et transformer la douleur

La douleur émotionnelle n'est pas qu'une émotion. Ta douleur est ce qui te définit à l'instant présent. Elle te guide, t'influence. Elle te force à prendre des chemins qui ne correspondent pas à tes envies. Elle te fait fuir le présent pour plonger dans le passé, en te faisant appréhender l'avenir.

Accepter sa douleur c'est l'embrasser tous les jours, en la comprenant et en la prenant comme une leçon de vie, une expérience.

Ta douleur est ce qui te fera évoluer, ce qui ne te fera pas refaire les mêmes erreurs que par le passé. Accepter sa douleur c'est l'aimer, parce que finalement, elle fait partie de toi, là maintenant.

Accepte ta douleur, comprends-la, et fais en sorte qu'elle devienne un parcours positif de ta vie, qui te fera évoluer vers de nouveaux horizons. Fait de cette douleur une de tes plus grandes forces, et pas une faiblesse. Tu verras qu'elle pourra être l'un de tes meilleurs alliés dans l'avenir.

Trouver la force dans les épreuves de la vie

"La vie n'est pas toujours facile.

Parfois, les amitiés peuvent être fragiles.
Parfois l'amour peut sembler être juste une illusion.

Mais ne te décourage pas, car c'est ainsi que la vie est faite.

Il faut persévérer et continuer d'avancer.
Car chaque épreuve nous rend plus forts."

Vers la guérison

Lorsque le fardeau d'un mal de cœur s'installe, il enserre notre être, nous laissant pris au piège dans un tourbillon de souffrances émotionnelles. Toutefois, au plus profond de notre résilience, résident les graines de guérison qui ne demandent qu'à germer.

La guérison d'un mal de cœur ne peut s'accomplir instantanément. C'est un cheminement intérieur complexe qui requiert du temps, de la patience et une attitude bienveillante envers soi-même. Chaque étape de ce parcours est indispensable pour atteindre la guérison.

La première étape consiste à **reconnaître la souffrance**. Il faut écouter nos émotions, les accepter et les reconnaître comme faisant partie de notre expérience. En exprimant notre douleur, que ce soit par l'écriture, la parole ou d'autres formes d'expression, nous libérons le poids émotionnel qui nous retient.

Ensuite, il faut **se libérer des émotions négatives**, impliquer le pardon, non seulement envers les autres, mais aussi envers nous-mêmes. Pardonner ne signifie pas oublier ou justifier les actions blessantes, mais plutôt lâcher prise pour notre propre bien-être. C'est un acte de compassion envers soi-même qui permet de se libérer des liens qui nous retiennent dans la douleur.

La reconnexion à notre essence profonde est une autre étape clé. En nous concentrant sur nos valeurs, nos passions et nos aspirations, nous retrouvons notre véritable identité. Cela peut impliquer de pratiquer des activités qui nourrissent notre âme, de prendre soin de notre bien-être physique et émotionnel, et de cultiver des relations positives.

Le soutien et l'amour de nos proches jouent également un rôle important dans le chemin de guérison. Partager nos luttes avec des personnes de confiance, recevoir leur soutien et leurs encouragements, peut nous aider à traverser les moments difficiles. L'amour inconditionnel et la présence bienveillante de nos proches nous rappellent que nous ne sommes pas seuls dans ce voyage et nous donnent la force de continuer.

Enfin, la guérison n'est pas un point final, mais un chemin continu. **Chacun avance à son propre rythme** et la guérison peut prendre du temps. Être patient et bienveillant envers soi-même est essentiel. La guérison est un cadeau précieux que nous offrons à nous-mêmes, une opportunité de grandir, de trouver la paix intérieure et de créer une vie plus épanouissante.

À ce stade, que faites-vous pour guérir et apaiser le mal de cœur ?

....

....

....

....

....

Avez-vous des émotions ou des pensées récurrentes qui vous empêchent de guérir? Lesquelles?

....

....

....

....

....

Vers la guérison

Les cicatrices émotionnelles peuvent guérir avec le temps, et le pardon.

Ne laisse pas les douleurs passées entraver ton bonheur présent.

Prends le temps de te guérir, de te pardonner et de t'accorder la bienveillance que tu mérites, car c'est en prenant soin de toi que tu pourras véritablement trouver la paix.

Comment se relever après une douleur déchirante:

La douleur qui suit une rupture, une infidélité, un abandon ou d'autres événements douloureux peut sembler accablante. Le cœur brisé peut nous faire ressentir une souffrance profonde et intense, nous laissant dans un état de vulnérabilité et de désespoir. **Mais il ne faut pas laisser cette douleur nous envahir et nous définir**.

Voici quelques conseils qui peuvent vous aider à savoir comment vous relever et entamer une phase de guérison:

1/ Laissez-vous ressentir vos émotions : La douleur est une émotion naturelle qui fait partie de la vie. Autorisez-vous à ressentir cette douleur, à pleurer et à exprimer vos émotions. N'essayez pas de les enfouir ou de les ignorer, car cela ne fera que prolonger le processus de guérison.

2/ Acceptez la réalité : Face à une rupture, une infidélité ou un abandon ou autre, il faut savoir faire face à la réalité de la situation. Accepter ce qui s'est passé est un premier pas vers la guérison. Cela ne signifie pas que la douleur disparaîtra instantanément, mais cela vous permettra de commencer à faire le deuil de ce qui a été perdu.

3/ Ne vous culpabilisez pas : Dans de telles circonstances, il est courant de se blâmer soi-même ou de chercher à trouver une explication pour ce qui s'est passé. Il faut comprendre que chaque situation est complexe et que la responsabilité n'est pas toujours unilatérale. Évitez de vous accabler de culpabilité, car cela ne fera que prolonger votre douleur.

4/ Cherchez du soutien : N'essayez pas de traverser cette épreuve seul(e). Cherchez du soutien auprès de vos amis, de votre famille ou d'un professionnel si nécessaire. Le partage de votre douleur avec des personnes aimantes et compréhensives peut vous aider à alléger le fardeau et vous donner le sentiment que vous n'êtes pas seul(e) dans cette épreuve.

5/ Prenez du temps pour vous : Accordez-vous le temps nécessaire pour guérir. Prenez soin de vous en faisant des activités qui vous plaisent, qui vous ressourcent et qui vous aident à vous sentir mieux. Concentrez-vous sur vos passions, vos hobbies ou peut-être de nouvelles opportunités d'apprentissage.

6/ Apprenez de l'expérience : Les moments difficiles sont souvent des occasions d'apprendre sur soi-même et sur la vie. Réfléchissez à ce que cette expérience vous a appris, aux signes que vous auriez pu reconnaître plus tôt et aux leçons que vous pourrez emporter avec vous dans l'avenir.

7/ Redécouvrez-vous : Utilisez cette période pour vous redécouvrir en tant qu'individu indépendant. Explorez vos désirs, vos objectifs et vos valeurs personnelles. Cela vous aidera à renforcer votre estime de soi et à prendre des décisions plus éclairées à l'avenir.

8/ Pardonnez et lâchez prise : Pardonnez à vous-même et à ceux qui ont pu vous causer de la douleur. Le pardon ne signifie pas excuser leur comportement, mais plutôt vous libérer du fardeau de la rancune et du ressentiment. Lâchez prise sur le passé pour vous ouvrir à un avenir plus positif.

Enfin, rappelez-vous que la guérison n'est pas un processus linéaire, et il est normal de faire des pas en avant et en arrière. Soyez patient(e) avec vous-même et rappelez-vous que vous méritez de vous libérer de la douleur du passé pour créer un avenir épanouissant. En faisant preuve de compassion envers vous-même et en vous entourant de soutien, vous trouverez la force de guérir et de prendre des choix plus sains pour votre vie future.

Une épaule toujours présente

"Lorsque tu es triste,
souviens-toi que tu peux compter sur moi.

Je sais que je ne suis pas le plus important,
mais je serai toujours là pour toi,
peu importe les circonstances."

Une épaule toujours présente

Quand la tristesse envahit notre cœur, les personnes chères sont là pour nous. **Leur présence réconfortante** et leur soutien inestimable illuminent notre vie et nous rappellent que nous ne sommes pas seuls dans nos épreuves.

Leur amour et leur soutien ont le pouvoir de transformer notre tristesse en espoir. Leur présence bienveillante est comme un baume apaisant sur notre cœur meurtri. Ils nous rappellent que la vie est faite de hauts et de bas, mais que nous sommes capables de les affronter avec courage grâce à leur soutien inconditionnel.

Leur écoute attentive et leurs mots réconfortants nous aident à panser nos blessures émotionnelles. Ils nous encouragent à prendre du recul, à trouver des solutions et à retrouver notre force intérieure. Leur soutien inestimable nous montre que nous avons la capacité de surmonter les épreuves et de trouver le bonheur à nouveau.

Leur présence bienveillante est un rappel constant de la beauté des relations humaines. Ils nous enseignent l'importance de tendre la main aux autres dans les moments difficiles, car nous savons à quel point cela peut faire une différence.

En regardant en arrière, nous réalisons à quel point nous avons été chanceux d'avoir ces êtres chers à nos côtés lorsque la tristesse a envahi notre cœur. Leur amour inconditionnel a été un pilier solide sur lequel nous avons pu nous appuyer, et **cela restera à jamais gravé dans notre mémoire.**

C'est dans ces moments d'échange, de partage et de réciprocité que ces **relations se renforcent**. La confiance et la compréhension mutuelle grandissent, créant des liens indissolubles. Nous comprenons l'importance de ces personnes dans nos vies et la valeur de leur présence bienveillante.

“ Quand la tristesse se dissipe et que le soleil brille à nouveau dans notre cœur, nous sommes reconnaissants pour ces êtres chers qui ont été là pour nous. “

La valeur du temps partagé

Ne gaspille pas ton temps avec quelqu'un qui ne t'accorde pas de son temps.

Mais recherche plutôt quelqu'un qui te dira :
“Je perds mon temps lorsque nous ne sommes pas ensemble. ”

Différencier une personne qui te consacre un moment de son temps libre et une personne qui libère du temps pour toi c'est la base pour comprendre son niveau d'engagement envers toi.

La première personne est simplement intéressée à passer du temps avec toi de temps en temps, tandis que la seconde est engagée à renforcer votre relation.

La valeur du temps partagé

Dans un monde où le temps est une ressource rare et précieuse, trouver des personnes qui sont disposées à le consacrer pour nous est un véritable cadeau. Leur disponibilité et leur présence témoignent de leur **attachement** et de leur **engagement** envers nous.

Ces personnes nous offrent bien plus que leur simple présence physique. Elles nous offrent une oreille attentive, prête à écouter nos préoccupations et nos joies. Elles prennent le temps de comprendre nos sentiments et nos besoins, nous apportant un soutien émotionnel et moral inestimable.

En nous entourant de personnes qui sont prêtes à dépenser de leur temps pour nous, nous sommes entourés d'un cercle d'amour et de soutien qui nous aide à grandir, à évoluer et à devenir **la meilleure version de nous-mêmes**. Ces relations nourrissantes et significatives sont des trésors qui embellissent notre vie et renforcent notre lien avec le monde qui nous entoure.

Au-delà des horloges

*Le temps passé avec une personne n'est pas toujours un indicateur de la qualité de la relation.
Il est possible qu'une personne que tu as connue pendant seulement deux mois puisse t'apporter des émotions plus fortes que quelqu'un que tu as connu pendant deux ans.
Le plus important, c'est la personne elle-même et la connexion que vous partagez, pas le temps que vous avez passé ensemble.*

Quelle est la personne qui vous a le plus aidé à remonter la pente?

....

....

....

Quelles émotions ressentez-vous lorsqu'une personne prend le temps de vous écouter et de vous soutenir de manière attentive ?

....

....

....

Comment exprimez-vous votre reconnaissance envers les personnes qui consacrent leur temps et leur présence à vous soutenir ?

....

....

....

L'éternité dans ses yeux

Je me suis perdue dans ses yeux,
ses yeux qui reflétaient une tendresse infinie
et j'ai su que j'étais tombée amoureuse de lui.

Chaque fois que nos regards se croisaient,
c'était comme si le temps s'arrêtait,
et je me noyais dans l'océan de ses sentiments.

Les différentes phases d'un couple

Les différentes phases d'un couple peuvent être caractérisées par des moments de bonheur et des épreuves à surmonter. Chaque phase apporte son lot de découvertes, de défis et de croissance personnelle. Voici un aperçu des principales étapes que de nombreux couples traversent :

1 - La phase de séduction : Cette phase initiale est caractérisée par l'attirance mutuelle, le désir et la passion. C'est le moment où le couple apprend à se connaître, explore les intérêts communs et crée une connexion émotionnelle. Les papillons dans l'estomac et les moments d'euphorie sont souvent présents.

2 - La phase de lune de miel : Après la période de séduction, le couple entre dans la phase de lune de miel. Tout est merveilleux, excitant et rempli de bonheur. Les partenaires sont totalement absorbés l'un par l'autre et peuvent voir principalement les qualités positives de leur partenaire. Les conflits sont rares et les compromis semblent faciles à faire.

3 - La phase de réalité : Au fur et à mesure que le temps passe, le couple entre dans la phase de réalité. Les partenaires commencent à découvrir les imperfections et les différences de l'autre. Les désaccords et les tensions peuvent apparaître, car les attentes et les idéaux de chacun se confrontent à la réalité de la relation. C'est une période qui nécessite une communication ouverte, de la compréhension et de la patience pour surmonter les obstacles.

4 - La phase de compromis : Dans cette phase, le couple apprend à naviguer dans les différences et à trouver des compromis satisfaisants. Ce qui implique d'apprendre à écouter, à négocier et à trouver un équilibre entre les besoins et les désirs de chaque partenaire. Il peut y avoir des compromis, des ajustements et des concessions, mais cela permet de construire une relation plus solide et plus épanouissante.

5 - La phase de stabilité : Une fois que le couple a appris à s'adapter et à trouver un terrain d'entente, il entre dans une phase de stabilité. Les partenaires se sentent en sécurité et en confiance dans leur relation. Ils ont développé des routines et des habitudes communes. Cela ne signifie pas que la passion est éteinte, mais plutôt qu'elle s'est transformée en une profonde affection et un soutien mutuel.

6 - La phase de croissance continue : Un couple heureux est constamment en évolution et en croissance. Ils continuent à découvrir de nouvelles choses ensemble, à se soutenir mutuellement dans leurs objectifs individuels et à renforcer leur connexion émotionnelle. Cette phase nécessite un engagement continu pour s'améliorer en tant qu'individu et en tant que couple.

En bref, toutes les relations ne suivent pas un schéma linéaire et que chaque couple est unique. Les phases peuvent se chevaucher, se répéter ou même être sautées. Chaque couple a son propre rythme et ses propres défis. L'essentiel est de cultiver l'amour, la communication et le respect mutuel pour construire une relation durable et épanouissante.

COMMENT SAVOIR SI VOUS ÊTES FAITS L'UN POUR L'AUTRE ?

1 - Vous êtes capables de communiquer ouvertement.

2 - Vous êtes attirés l'un par l'autre à plusieurs niveaux : émotionnel, mental, physique, etc.

3 - Ensemble, vous êtes capables de rire comme des enfants.

4 - Vous avez des intérêts et des valeurs similaires.

5 - Vous pouvez être vous-même sans avoir à jouer un rôle.

6 - Vous êtes sexuellement compatibles et épanouis.

7 - Vous acceptez les défauts de votre partenaire.

8 -Vous ressentez un manque lorsque vous n'êtes pas ensemble.

9 - Vous appréciez simplement passer du temps ensemble, peu importe ce que vous faites.

Comment savoir si vous n'êtes pas faits pour être ensemble ?

1 - Vous jouez un rôle quand vous êtes ensemble.

2 - Vous ne vous comprenez pas.

2 - Vous n'appréciez pas ses proches, ses amis.

3 - Vous vous disputez souvent.

4 - Vous n'êtes pas satisfait sexuellement.

5 - Vous n'avez pas les mêmes objectifs de vie.

6 - Vous sacrifiez vos passions et loisirs pour lui/elle

7 - Les je t'aime son rare ou dur à dire.

8 - La routine avec cette personne vous fait peur.

9 - Vous ne vous projetez pas dans l'avenir.

La confiance en couple

La confiance est un pilier essentiel dans une relation de couple. Mais il faut faire preuve de prudence envers ceux à qui nous ouvrons notre cœur. Car parmi ceux-là se trouvent ceux qui ont la capacité de nous **trahir impitoyablement.**

Ces personnes privilégiées partagent notre intimité et connaissent nos faiblesses, nos secrets les plus profonds, nos peurs les plus intenses et nos désirs les plus intimes. Elles ont accès à une part de nous que nous réservons habituellement à notre partenaire. Mais cette connaissance intime peut devenir une **arme** entre leurs mains.

Lorsque la confiance est brisée, ces individus mal intentionnés peuvent **manipuler** nos faiblesses, utiliser nos secrets contre nous et exploiter nos peurs **pour nous faire du mal**. Leur absence de scrupules et de pitié peut causer des dommages considérables à notre bien-être émotionnel.

La confiance doit être gagnée et entretenue mutuellement. Lorsque la confiance est mutuelle et solide, elle peut construire des fondations solides pour une relation de couple épanouissante et durable.

Dans quel domaine n’avez vous pas confiance en votre partenaire? Pourquoi?

....

....

....

....

....

Qu'a fait cette personne pour que vous n'ayez pas confiance en lui/elle ?

....

....

....

....

....

Prendre pour acquis : Un danger pour votre couple

Il y a une erreur courante en couple qui peut conduire à une rupture : **prendre l'autre personne pour acquise.**

Lorsque nous sommes en couple depuis un certain temps, nous pouvons penser que notre partenaire sera toujours là pour nous, peu importe ce qui se passe dans la relation.

En conséquence, nous négligeons souvent de surprendre notre partenaire, de lui faire des compliments, de lui exprimer notre amour et de lui offrir de petites attentions au quotidien.

Ce manque d'attention peut entraîner un sentiment de négligence, de frustration et d'incompréhension de la part de notre partenaire.

Lorsque cela se produit, la communication se détériore, les disputes surviennent et l'incompréhension s'installe, ce qui peut éventuellement mener à une rupture.

Prenez le temps de montrer à votre partenaire que vous l'appréciez, que vous l'aimez, que vous reconnaissez les petites choses, c'est ce qui va faire la différence dans votre couple, votre relation est précieuse, prenez-en soin.

Les signes révélateurs d'un manque de respect de la part de votre partenaire

- **Mensonge :** Fait de dire des choses fausses ou trompeuses

- **Insultes :** Utilisation de mots offensants et dévalorisants

- **Violence physique :** Utilisation de la force physique pour causer des dommages ou des blessures

- **Besoin d'avoir raison tout le temps :** Refus de reconnaître les opinions et les perspectives des autres

- **Promesses non tenues** : Échec à respecter les engagements pris

- **Comportement de contrôle :** Tentative de dominer et de manipuler l'autre

- **Refus de faire des compromis :** Résistance à trouver des solutions mutuellement satisfaisantes

- **Manque d'attention :** Absence d'intérêt ou de considération pour les besoins et les préoccupations de l'autre

Dans quel domaine souhaiteriez-vous que votre partenaire apporte des changements pour améliorer votre couple ?

....

....

....

....

Avez-vous déjà remarqué des situations où votre partenaire vous a menti ou trompé, même sur des sujets mineurs ? Comment cela vous a-t-il fait sentir et comment avez-vous réagi ?

....

....

....

....

9 SIGNES PEUVENT MENACER LA SANTÉ ET LA STABILITÉ DE VOTRE COUPLE :

1 - L'infidélité ou l'adultère.

2 - La jalousie excessive.

3 - Les secrets.

4 - Les mensonges ou la trahison.

5 - L'égocentrisme ou le narcissisme.

6 - Les conflits non résolus.

7 - L'immaturité émotionnelle.

8 - Le manque d'efforts dans la relation.

9 - Le manque de respect mutuel.

Reconnaître ce qui a été perdu

Tu l'as fait pleurer...
Elle a continué de t'aimer.

Tu lui as fait des promesses que tu n'as jamais tenues...
Elle a continué de croire en toi.

Tu lui as menti...
Elle t'a pardonné malgré tout.

Tu l'as fait souffrir...
Elle a enduré la douleur en silence.

Tu l'as déçue...
Elle a décidé de rester à tes côtés.

Elle t'a tout donné...
Mais aujourd'hui, elle est partie.
Tu n'as pas su voir tout ce qu'elle a fait pour toi.

Prends conscience que tu as perdu celle qui aurait tout fait pour toi.

Les traces persistantes de trahison

Tu n'es plus là, mais les traces de ta trahison restent ancrées dans chaque aspect de ma vie.

La douleur de ta tromperie m'a profondément marqué, me laissant traumatisé et incapable d'oublier les blessures infligées.

Les souvenirs de notre amour passé sont devenus des fantômes qui me tourmentent, ravivant la souffrance à chaque instant.

L'infidélité

Faire face à une infidélité est l'une des épreuves les plus difficiles pour une personne amoureuse. Cet acte peut non seulement détruire le lien du couple, mais aussi avoir un **impact dévastateur** sur le partenaire trompé.
L'estime de soi peut être ébranlée, des stratégies d'évitement peuvent se mettre en place et **la peur de s'engager à nouveau peut s'installer.**

La tromperie, combinée à d'autres événements marquants de l'histoire personnelle, met en danger la capacité de l'individu à accéder à un amour sain.

Certaines personnes qui ont vécu une infidélité en sont traumatisées et **ne parviennent jamais à s'en remettre complètement.** Elles peuvent être à ce point marquées par cette expérience qu'elles cherchent activement à l'éviter et à se protéger autant que possible.

- **<u>L'infidélité est-elle une preuve que l'amour n'est plus présent ?</u>**

Le fait de tromper son partenaire ne signifie pas automatiquement que l'amour pour lui a disparu. La situation de tromperie peut être complexe et avoir différentes motivations. Parfois, les individus peuvent être poussés par des circonstances, des tentations ou des problèmes personnels sans que cela remette en cause leurs sentiments amoureux envers leur partenaire mais il faut garder à l’esprit que l'infidélité peut avoir des conséquences sérieuses sur la confiance et la stabilité de la relation.

- **<u>Est-il nécessaire de révéler à son partenaire qu'on l'a trompé ?</u>**

Il n'y a pas de réponse universelle à cette question, car la décision de révéler ou non une tromperie dépend de chaque situation particulière.

- D'un côté, être honnête avec son partenaire peut être un acte de respect envers lui et envers la relation. L'honnêteté peut contribuer à rétablir la confiance et à ouvrir la voie à la guérison de la blessure causée par l'infidélité.
- D'un autre côté, garder le secret peut sembler préserver la relation en évitant des conséquences douloureuses. Mais cela peut entraîner un sentiment de culpabilité et de distance émotionnelle entre les partenaires.

La décision finale dépendra de facteurs tels que la nature de la relation, la gravité de la tromperie, les circonstances entourant l'acte et la volonté de chacun de faire face à la vérité.

- Est-ce que l'infidélité est un indicateur que la santé de la relation de couple est compromise ?

Lorsqu'un acte d'infidélité se produit au sein d'un couple, cela peut être une expérience bouleversante et déstabilisante pour les deux partenaires. Beaucoup se demandent alors si cette trahison est le signe que leur relation est en danger.

L'infidélité peut en effet être un indicateur de problèmes sous-jacents dans la relation, ce qui peut être le résultat de divers facteurs tels que des insatisfactions émotionnelles, un manque de communication, un éloignement progressif ou une perte d'intimité entre les partenaires. Dans certaines situations, l'infidélité peut même être un moyen de fuir des conflits non résolus ou des difficultés dans la relation.

N'oublier pas que chaque couple est unique et que l'infidélité ne signifie pas automatiquement la fin de la relation. Certaines personnes peuvent faire face à cette épreuve, travailler sur les problèmes qui ont conduit à l'infidélité, et reconstruire leur relation avec succès.

LA TROMPERIE NE SE LIMITE PAS À COUCHER AVEC QUELQU'UN, C'EST AUSSI:

- *Rentrer dans un jeu de séduction*
- *Échanger des sms ambigus*
- *Les jeux de regard*
- *Embrasser une autre personne*
- *Être inscrit sur un site de rencontre*
- *Se laisser draguer ouvertement*

Quelles sont, selon vous, les limites de l'infidélité ?

....

....

....

....

....

Selon vous, est-il possible de pardonner une personne qui nous trompe ?

....

....

....

....

....

Tolérance, Acceptation, Conséquences :

Si tu ne m'appelles pas, je tolère.
Si tu ne m'écris pas, j'accepte.
Si tu n'as pas le temps pour moi, je supporte.

Mais si tu me vois avec quelqu'un d'autre,
c'est toi qui devras faire face
aux conséquences de tes choix.

L'infidélité

Ceux qui ont fait face à la découverte de l'infidélité de leur partenaire décrivent souvent une sensation d'être consumés lentement par un feu intérieur :

Mon monde semblait s'effondrer sous mes pieds, tout à coup, sans avertissement. C'était comme si un ouragan avait balayé ma vie, me laissant complètement dévasté(e). J'étais si abattu(e) que j'ai dû prendre une pause de travail, en informer mes supérieurs que j'étais dans l'incapacité de continuer normalement. Les jours qui ont suivi étaient un véritable défi. Je me sentais comme une coquille vide, incapable de tenir debout physiquement et émotionnellement. Les choses auxquelles je tenais habituellement, comme manger, étaient reléguées au second plan, la douleur et la confusion prenant le dessus.

Il y avait des moments où je me perdais dans mes pensées, incapable de me concentrer sur quoi que ce soit. Les tâches quotidiennes semblaient écrasantes et insignifiantes. Les rires et la joie qui faisaient partie intégrante de ma vie semblaient s'être évaporés, remplacés par une tristesse profonde et un sentiment de vide.

Les habitudes que j'avais autrefois, comme prendre soin de moi-même, semblaient soudainement loin. J'étais absorbé(e) par cette douleur écrasante qui m'empêchait de voir au-delà de l'obscurité. Les appétits que j'avais perdus, tant physiques qu'émotionnels, me laissaient dans un état d'inquiétude croissante.

Voici quelques raisons pour lesquelles on peut ressentir de la douleur lorsqu'on se fait tromper :

Perte de confiance : L'infidélité brise la confiance qui était présente dans la relation. La confiance est un pilier essentiel d'une relation saine et sa rupture peut engendrer une douleur profonde.

Sentiment d'insécurité : Être trompé peut provoquer un sentiment d'insécurité quant à sa propre valeur et à sa capacité à être aimé et désiré. On peut se poser des questions sur notre attractivité et notre capacité à satisfaire notre partenaire.

Trahison émotionnelle : Lorsque notre partenaire nous trompe, cela peut susciter un sentiment douloureux d'avoir été trahi sur le plan émotionnel. On peut se sentir trahi dans notre intimité émotionnelle, dans la confiance partagée et dans les sentiments qui ont été exprimés.

Remise en question de l'estime de soi : Être trompé peut entraîner une remise en question de notre propre valeur et de notre estime de soi. On peut se demander pourquoi notre partenaire a choisi de nous tromper, ce qui peut créer une douleur et une diminution de l'estime de soi.

Sentiment d'injustice : La tromperie peut susciter un sentiment d'injustice, car on peut considérer que notre partenaire a violé les accords de la relation et a agi de manière égoïste.

Perte d'un avenir imaginé : Lorsque l'on se fait tromper, cela peut également provoquer une douleur liée à la perte d'un futur envisagé avec notre partenaire. Les plans, les rêves et les attentes que l'on avait peuvent s'effondrer, créant un sentiment de perte et de tristesse.

Ressentir de la douleur après avoir été trompé est une réaction normale. Il faut prendre le temps de guérir, de chercher le soutien dont on a besoin et de se reconstruire émotionnellement. Chacun réagit différemment, mais avec le temps, l'acceptation et l'amour de soi, il est possible de mettre cette douleur de côté et de se sentir à nouveau en paix.

Est-ce que vous avez déjà été trompé(e) et quelles sont les raisons qui ont poussé votre partenaire à le faire ?

....

....

....

....

....

Quels efforts cette personne a-t-elle faits pour se pardonner ?

....

....

....

....

....

Ce jour la ...

Je l'aimais avec une intensité débordante, chaque fibre de mon être était imprégnée de son amour. Il était bien plus qu'un simple partenaire, il était mon tout, ma raison de vivre, et je ne pouvais imaginer ma vie sans lui, car il était l'essence même de mon bonheur et de ma joie de vivre.

Et pourtant, un jour, tout s'est effondré. J'ai découvert son infidélité, un coup de poignard en plein cœur. Les fondations de notre amour se sont fissurées, et j'ai senti mon monde s'écrouler autour de moi.

Les nuits sont devenues interminables, les larmes coulaient sans relâche sur mon visage. Chaque instant était rempli de questions tourmentées : Comment ai-je pu ne pas voir les signes ? Était-ce ma faute ? Pourquoi m'a-t-il trompé ?

Je me suis senti trahi, dévalorisé, comme si tout ce que nous avions construit ensemble n'était qu'une illusion. Les mensonges et les secrets ont déchiré notre confiance, laissant derrière eux un amas de douleur et de ressentiment.

Faut-il pardonner l'Infidélité?

Le sujet de la fidélité et de l'infidélité est toujours délicat, et la manière dont les partenaires réagissent face à cet événement dépend souvent des raisons qui ont poussé à cette trahison. Certains couples parviennent à surmonter cette épreuve en comprenant et en dialoguant, car l'enjeu de leur relation est plus fort que l'infidélité. En revanche, d'autres ne parviennent pas à se remettre de cet acte, car il évoque un sentiment de trahison.

Décider de pardonner à son partenaire d'avoir été infidèle est une démarche profonde qui nécessite une réelle réflexion. Cela soulève des questions quant à notre capacité à oublier, à passer à autre chose et à pardonner sincèrement, car il ne s'agit pas simplement de dire "je te pardonne" pour que tout soit résolu. Il est primordial d'analyser nos émotions, nos peurs et nos attentes avant de prendre cette décision.

Le pardon authentique implique de reconnaître la douleur causée par l'infidélité et de l'accepter. Il ne s'agit pas d'effacer ce qui s'est passé, mais plutôt de faire le choix de dépasser cette épreuve ensemble, en cherchant à reconstruire la confiance et la communication dans le couple. Le pardon demande du temps et des efforts des deux côtés, car il peut être difficile de surmonter les conséquences émotionnelles d'une infidélité.

Pour certaines personnes, le pardon peut être impossible, et c'est également une décision respectable. Chaque individu doit écouter ses sentiments et ses intuitions, car il n'existe pas de réponse unique à cette situation complexe. Certaines personnes peuvent trouver la paix en pardonnant, tandis que d'autres peuvent choisir de se séparer pour préserver leur bien-être émotionnel.

Dans tous les cas, il faut prendre le temps de réfléchir et de ne pas hésiter à en parler autour de soi pour obtenir un soutien et des conseils objectifs. Quel que soit le chemin choisi, il faut prendre soin de soi et respecter ses propres besoins émotionnels pour avancer vers un avenir plus sain et épanoui.

Les étapes suite à l'infidélité :

La réparation d'un couple après une infidélité prend en général beaucoup de temps. Ce temps où il y aura des hauts et des bas, et il ne faut pas se presser.
Le partenaire trompé doit recevoir l'attention et l'espace nécessaires en premier. Il a besoin de temps pour se reconstruire, et lui seul peut décider du rythme auquel les morceaux seront recollés.

Les couples qui surmontent l'infidélité sont ceux qui sont prêts à regarder à la fois vers le passé et vers l'avenir. Ils doivent faire face à la douleur mais aussi envisager l'avenir ensemble.

Il faut être honnête dans la communication, même si la vérité est douloureuse. Il faut également trouver un équilibre entre les détails nécessaires pour comprendre la situation et l'obsession de tout savoir.

La punition et la soumission peuvent être présentes dans le processus de réparation. Le partenaire trompé peut punir et l'autre peut se soumettre pour rétablir une dynamique.

La communication est essentielle, non seulement sur l'infidélité et les dégâts, mais aussi sur l'identité du couple et ses aspirations.

Il ne faut pas ignorer la cicatrice. Les couples qui se rétablissent reconnaissent la douleur et la blessure, même des années plus tard.

Il ne faut pas exclure le sexe pendant trop longtemps. Il fait partie de la relation, et si le désir est présent, il faut lui redonner sa place.

Le lâcher-prise est souvent plus important que le pardon. La douleur peut diminuer avec le temps, mais il est difficile de pardonner et impossible d'oublier complètement.

Les éclats d'espoir au-delà de la trahison

Tu as trahi notre amour, brisé notre confiance, et pourtant je suis là, à chercher les éclats de bonheur dans les souvenirs d'avant.
Je m'efforce de ne pas me noyer dans la douleur et dans la colère, car même si tu m'as laissé le cœur brisé, il reste en moi une étincelle d'espoir qui ne cesse de brûler.

Un nouveau départ

Une séparation peut être le début d'un nouveau chapitre dans ta vie:

Permets-toi de guérir,
de grandir,
d'ouvrir ton cœur

à de nouvelles possibilités
d'amour
de bonheur.

Un nouveau départ

La séparation d'un couple est souvent un moment difficile et douloureux, rempli d'émotions contradictoires. C'est une période où deux personnes qui ont partagé leur vie et leurs sentiments pendant un certain temps prennent la décision de se séparer.

Il peut y avoir de nombreuses raisons qui conduisent à cette décision, qu'il s'agisse de divergences d'objectifs, de valeurs incompatibles, de problèmes de communication ou d'autres facteurs qui ont érodé la relation. Quelles que soient les circonstances, la séparation peut être perçue comme une fin, mais elle peut aussi être **le début d'un nouveau chapitre** dans la vie de chaque individu.

La séparation offre l'opportunité de se recentrer sur soi-même, de se guérir et de grandir en tant qu'individu. C'est le moment de prendre du recul, de réfléchir à ses propres besoins, à ses aspirations et à ses valeurs. C'est une occasion de redécouvrir ses passions, de se consacrer à ses propres projets et de se reconnecter avec ses amis et sa famille.

Bien qu'il puisse y avoir une période de deuil et d'ajustement après une rupture, il ne faut pas se laisser submerger par la tristesse et la colère. Il faut permettre à son cœur de guérir, de se donner **le temps et l'espace nécessaires pour se reconstruire émotionnellement.**

La séparation ouvre la porte à de nouvelles possibilités d'amour et de bonheur. En étant ouvert aux opportunités qui se présentent, on peut rencontrer de nouvelles personnes, nouer des amitiés profondes et même trouver un nouveau partenaire amoureux qui sera plus compatible et en phase avec nos attentes et nos valeurs.

Alors que la séparation peut sembler être la fin d'un chapitre, elle peut en réalité être le début d'un nouveau chemin vers une vie plus émouvante. C'est une opportunité de se redécouvrir, de se réinventer et de se donner les moyens d'être heureux. **La séparation peut être une transition vers un avenir prometteur**, où l'amour et le bonheur sont toujours possibles, mais dans une forme différente et renouvelée.

N'oublie pas de prendre soin de toi.
Accorde-toi du temps pour te ressourcer, te nourrir et te reconnecter à ce qui te fait du bien.
Prends soin de ton corps, de ton esprit et de ton âme.

L'amertume de l'abandon

La sensation la plus désagréable est celle ressentie lorsqu'on a déployé tous les efforts possibles pour maintenir une relation, en ayant des conversations et en essayant pendant des jours de la réparer, mais que l'autre personne finit par abandonner.

L'amertume de l'abandon

L'abandon dans une relation est une blessure profonde qui peut laisser des cicatrices émotionnelles durables. Le fait de laisser quelqu'un se sentir seul et négligé est une trahison de la confiance et de l'amour partagés. Cette expérience douloureuse peut engendrer une peur intense de l'abandon dans les relations futures.

La peur de l'abandon peut nous pousser à nous accrocher à une relation, même si elle est toxique ou ne répond pas à nos besoins essentiels. Nous craignons de revivre cette douleur et de nous retrouver une fois de plus dans la solitude et l'incertitude, **MAIS la peur de l'abandon ne doit pas dicter nos choix relationnels.**

La guérison commence lorsque nous nous aimons et nous respectons suffisamment pour nous libérer des schémas destructeurs. Nous méritons d'être aimés, soutenus et valorisés dans une relation saine. Apprendre à faire confiance à notre propre force intérieure et à développer une estime de soi solide est essentiel pour surmonter la peur de l'abandon.

Bien que la peur de l'abandon puisse persister, il est possible de la surmonter en faisant preuve de patience, de compassion envers soi-même et en cherchant un **soutien émotionnel** lorsque cela est nécessaire.

La peur de l'abandon: comment y remédier ?

Se séparer de l'autre, ne plus le croiser, ne plus entendre sa voix, ne plus partager sa vie, que ce soit en mettant fin à la relation ou en étant abandonné, représente souvent une épreuve qui semble insurmontable. La crainte de la solitude, liée à cette question d'abandon, pousse parfois certaines personnes à rester avec des partenaires abusifs ou qu'elles n'aiment pas, à maintenir des relations toxiques et destructrices, dans l'espoir d'être aimées et acceptées.

1/ Apaiser la peur par la rationalisation:

La première étape consiste incontestablement à plonger au cœur de cette peur et à l'aborder de manière réfléchie. Pourquoi ressens-je cette crainte d'être abandonné(e) par mon partenaire ? Est-ce dû à des échecs dans mes relations passées ? Peut-être que je doute de ma capacité à rendre heureuse la personne que j'aime ? Explorer ces différentes dimensions intérieures est essentiel pour affronter le problème. Lorsque la peur de l'abandon prend le dessus et devient une obsession, nous ne pouvons pas vivre une relation épanouissante basée sur la confiance et le bonheur. Nous risquons de tomber dans un cercle vicieux d'incertitude et de peur. Prendre conscience des raisons derrière cette peur est indéniablement la première étape pour trouver une solution.

2/ Développer l'assertivité est d'une importance capitale:

Il faut savoir comment communiquer efficacement avec notre partenaire, en exprimant ouvertement nos peurs et nos besoins: par exemple: "Je suis incertain(e) de pouvoir te rendre heureux(se), c'est pourquoi j'ai peur que tu me quittes." ou bien: "Mon ancien partenaire m'a quitté et j'appréhende la même chose maintenant." Être assertif signifie communiquer clairement et reconnaître nos émotions et nos limites pour les affronter de manière constructive.

3/ Travaillez sur votre estime de vous-même:

C'est très important de prendre le temps de réfléchir à cela : une personne mature et confiante, ayant une image positive d'elle-même, est capable de bâtir des relations saines avec son entourage. Elle n'est pas constamment en quête de reconnaissance des autres, elle se sent à l'aise dans sa propre peau et peut inspirer l'optimisme. Si vous apprenez à vous valoriser et à ne plus craindre la solitude, la peur de l'abandon ne dominera plus vos pensées.

Bilan : Les peurs sont souvent basées sur des pensées irrationnelles qu'il faut savoir gérer. Tout n'est pas assuré dans une relation, mais pour aimer, il faut prendre des risques. Les doutes et les appréhensions constantes ne feront qu'entamer la confiance, c'est pourquoi il faut faire preuve de courage, assumer ses compétences et mettre de côté la peur de la solitude. Ce qui compte réellement, c'est le présent, et il convient de le vivre avec passion en laissant de côté l'insécurité.

Avez-vous déjà vécu une situation où vous avez été abandonné(e) par une personne importante dans votre vie ? Comment cela vous a-t-il affecté(e) émotionnellement et mentalement ?

....

....

....

Quels sont les signes qui ont précédé l'abandon de cette personne ? Y avait-il des indicateurs que vous auriez pu remarquer avant que cela ne se produise ?

....

....

....

Avez-vous maintenant peur de l'abandon ?

....

....

Nuits de rêves brisés

"Je passe mes nuits à rêver de toi, à imaginer que tu es là, à mes côtés, me chuchotant des mots doux et des promesses d'éternité."

"Et lorsque je me réveille, la tristesse m'envahit, car tu n'es pas là, et mon cœur saigne de douleur."

Amour non réciproque

Avez-vous déjà éprouvé une sensation de désir si puissante qu'elle semblait prête à faire exploser votre cœur ? Éprouver des sentiments amoureux envers quelqu'un qui ne vous verra jamais comme un(e) ami(e)... C'est sincèrement déchirant.Et ce n'est pas seulement une attirance, mais bien de véritables sentiments amoureux non partagés.

L'amour non partagé est un amour déséquilibré, car "soit une personne a des sentiments plus profonds pour l'autre, soit il n'y a aucun sentiment de la part de l'autre. »,

Signes potentiels que vos émotions pourraient ne pas être réciproques :

- L'autre semble désintéressé(e) ou indifférent(e).
- Il ou elle ne manifeste aucun effort pour passer du temps de qualité avec vous ni pour vous inclure dans sa vie.
- Aucun intérêt n'est montré envers l'établissement d'une relation avec vous.
- Les marques d'affection, les cadeaux, les messages ou les actes de service ne sont pas réciproques.
- Il ou elle flirte avec d'autres personnes devant vous, mais rarement, voire jamais, avec vous.
- Vous êtes toujours celui/celle qui prend une initiative.

Amour non réciproque: Comment en guérir ?

Prendre ses distance:

Prendre ses distances est l'une des meilleures solutions pour se remettre d'un amour non partagé. Si vous voyez cette personne tous les jours ou si vous maintenez une communication constante, il sera difficile de passer à autre chose. Prenez une pause et évitez de la voir pendant un bon moment. Exprimez-lui le besoin d'espace pour vous permettre de guérir émotionnellement.

Faites votre processus de deuil:

L'amour non partagé peut être une souffrance intense. Quel que soit le contexte, il faut vous laisser traverser cette période de deuil. Acceptez que vous ressentiez de la douleur et de la colère. Soyez bienveillant envers vous-même et traitez-vous avec douceur. Les sentiments ne disparaîtront pas du jour au lendemain, mais s'estomperont progressivement avec le temps.

Respecter le choix de l'autre:

Respecter le choix de la personne que vous aimez est essentiel pour avancer. Si elle ne partage pas vos sentiments, il faut apprendre à lâcher prise. Évitez de vous engager dans une dépendance émotionnelle qui vous pousserait à supplier son amour ou à la retenir. Respectez son point de vue et continuez votre chemin.

Ne vous culpabilisez pas:

Évitez d'être trop dur(e) envers vous-même et de vous rejeter la faute. Si une personne ne vous aime pas ou ne ressent plus d'amour pour vous, cela peut être dû à des raisons personnelles qui n'ont rien à voir avec vous. Il est possible qu'elle se soit sentie mal à l'aise lorsqu'elle vous a rejeté, mais vous ne pouvez pas le savoir. Soyez plutôt optimiste en vous disant que cette personne n'était peut-être pas la bonne pour vous, et que vous méritez mieux.

Rompez avec les souvenirs:

Libérez-vous de tout ce qui vous rattache à cette personne. Photos, cadeaux, messages, vidéos, vêtements, objets, etc. Ces souvenirs ne feront que raviver la douleur. Ils vous rappelleront l'amour non partagé que vous avez vécu et toutes les souffrances qui y sont associées. Vous pouvez choisir de vendre ces souvenirs, de les offrir à d'autres personnes ou de les ranger loin dans un sous-sol ou un placard peu utilisé. Cela inclut également la musique que vous écoutiez ensemble, les livres, les films que vous avez regardés ensemble, etc. Mettez tous ces souvenirs hors de vue afin de pouvoir entamer un nouveau chapitre de votre vie.

Les adieux sont difficiles.

Dire au revoir est compliqué lorsqu'on souhaite rester.
Rire devient difficile lorsqu'on a envie de pleurer.

Mais la tâche la plus difficile…

C'est d'oublier quelqu'un que l'on aime encore.

Car les souvenirs restent ancrés en nous,
les émotions perdurent
et les sentiments persistent
malgré le temps qui passe.

Comment récupérer son ex : Les étapes essentielles

Si tu es en plein cœur d'une rupture ou que tu viens de traverser cette épreuve, et que tu souhaites récupérer ton ex, voici les étapes cruciales à suivre :

Le silence : Ne prends pas l'initiative de contacter ton ex. Laisse du temps entre vous sans répondre à ses messages ou réagir à ses publications. Aucun contact direct, car cela pourrait réveiller des émotions négatives et laisser croire que tu es toujours sous son emprise. Tu as de la valeur, et cette personne doit mériter ton attention.

Renaissance : Utilise ce temps pour grandir, mûrir et évoluer. Montre-toi sous ton meilleur jour sur les réseaux sociaux, partage des photos de toi heureux(se) dans des endroits cool ou en train de faire ce que tu aimes. Met en avant les changements positifs que tu as apportés dans ta vie. Cette transformation ne passera pas inaperçue et laissera une impression positive.

La reconnexion : Si ton ex prend l'initiative de te contacter pour prendre des nouvelles, tu seras prêt(e) à décider de la suite des événements. Soit tu choisis de ne pas répondre, si tu ne veux pas renouer, soit tu réagis poliment si tu n'envisages pas de reprendre la relation. Si tu décides de retenter une connexion, prends ton temps et reconstruis sur de bonnes bases.N'oublie pas que le processus de récupération de ton ex demande de la patience et une réelle évolution personnelle. Reste positif(ve) et confiant(e) en toi-même, car tu mérites une relation épanouissante et authentique.

Quand les relations se dissipent

Nos relations sont souvent comme des feuilles d'automne qui tombent doucement sur le sol, laissant derrière elles un vide béant qui ne peut être comblé que par des souvenirs douloureux et des regrets amers

Souffrance après la rupture

Chaque moment passé ensemble était une symphonie d'amour, où nos cœurs battaient à l'unisson. Mais maintenant, après notre rupture, mon cœur est en lambeaux. La souffrance m'envahit, chaque souvenir réveille une douleur profonde.

Les battements de mon cœur résonnaient autrefois au rythme du sien, mais maintenant ils sont déchirés, cherchant désespérément à retrouver cette harmonie perdue. Sa voix, qui me faisait frissonner autrefois, est maintenant un rappel poignant de ce qui n'est plus.

Dans ses bras, je trouvais un refuge, un havre de paix où je me sentais en sécurité. Mais maintenant, je me sens perdue, dépourvue de cette protection et exposée aux rigueurs du monde extérieur. Ce cocon d'affection et de passion s'est dissipé, laissant place à un vide douloureux.

Comment faire face à la souffrance après une rupture :

Donnez-vous du temps : La guérison après une rupture peut prendre du temps. Donnez-vous le temps dont vous avez besoin pour guérir et avancer dans votre vie.

Prenez soin de vous, faites du sport : Pendant cette période difficile, Il est important de prendre soin de votre santé physique et mentale. Assurez-vous de manger sainement, de faire de l'exercice régulièrement et de dormir suffisamment. Prenez également le temps de vous détendre et de faire des activités qui vous plaisent.

Parlez à des amis: Parlez de votre situation avec des amis ou quelqu'un à qui vous avez confiance vous aidera à exprimer vos sentiments et à trouver des moyens de faire face à la situation.
Évitez les contacts avec votre ex-partenaire : Il peut être tentant de rester en contact avec votre ex-partenaire, mais cela peut retarder le processus de guérison. Évitez les contacts pour le moment.

Évitez de vous replonger dans la relation passée : Il peut être tentant de se rappeler les bons moments passés ensemble, mais il faut se rappeler les raisons pour lesquelles la relation a pris fin.

Retrouver l'amour égaré

"J'imagine qu'il ouvre les yeux sur notre histoire
et qu'il me prenne dans ses bras à nouveau."

"Rien ne me comblerait plus que de ressentir son odeur
et de retrouver notre complicité passée."

Éléments importants pour une relation de couple saine:

La communication:
Elle permet de résoudre les conflits et de mieux comprendre les besoins et les désirs de chacun.

Les instants de joie et de rire:
Car ils créent des souvenirs heureux et renforcent la complicité et la connexion émotionnelle dans le couple.

Les moments de tendresse et de câlins:
Ils sont une autre forme de communication non-verbale qui aide à maintenir une relation de couple solide. Ils montrent à l'autre que vous êtes là pour lui et que vous êtes prêt à le soutenir et à le protéger.

La volonté de sortir de la routine pour éviter l'ennui:
Sert à éviter l'ennui et la stagnation dans la relation.

La complicité:
C'est un lien émotionnel fort qui se développe et qui aide à renforcer la confiance et la connexion émotionnelle dans le couple.

L’amour de soi, clé des relations épanouissantes

“Souviens-toi que l'amour de soi est le fondement de toute relation saine et épanouissante. Apprends à t'aimer et à te respecter, car tu mérites le meilleur de la vie et de l'amour.”

“Les petites attentions quotidiennes sont les fondements d'un amour qui perdure. Les gestes simples et sincères renforcent les liens et cultivent l'intimité.”

Pour entretenir la flamme dans un couple, voici quelques conseils :

- **Cultivez la romance :** Continuez à nourrir la passion en planifiant des rendez-vous romantiques, en offrant des gestes d'affection spontanés et en exprimant votre amour de manière créative. Laissez briller la flamme de l'amour dans votre quotidien.

- **Pratiquez la gratitude :** Montrez votre appréciation envers votre partenaire. Exprimez régulièrement votre gratitude pour les petites choses qu'il/elle fait, pour sa présence dans votre vie et pour les qualités qui vous attirent vers lui/elle. La reconnaissance renforce le lien émotionnel.

- **Gardez une communication ouverte :** Maintenez une communication honnête et ouverte avec votre partenaire. Partagez vos sentiments, vos désirs, vos rêves et vos préoccupations. Écoutez activement et soyez présent(e) dans les conversations.

- **Évitez la routine :** Sortez de votre zone de confort et explorez de nouvelles expériences ensemble. Planifiez des activités stimulantes, des escapades romantiques ou des projets communs qui vous permettent de grandir en tant que couple.

- **Cultivez l'intimité physique :** Prenez soin de maintenir une connexion physique régulière. Partagez des moments d'intimité et explorez ensemble ce qui vous procure du plaisir. La tendresse physique renforce le lien émotionnel.

- **Respectez l'individualité :** Encouragez votre partenaire à poursuivre ses propres intérêts, hobbies et aspirations. Laissez de l'espace pour l'épanouissement individuel et soutenez mutuellement les objectifs personnels.

- **Réservez du temps pour vous deux :** Accordez-vous régulièrement du temps de qualité en tant que couple. Planifiez des moments privilégiés pour vous reconnecter, partager des conversations profondes, rire ensemble et renouveler votre complicité.

- **Surmontez les défis ensemble :** Faites face aux défis et aux difficultés main dans la main. Cherchez des solutions ensemble, soutenez-vous mutuellement et consolidez votre relation en traversant les épreuves ensemble.

En cultivant ces éléments, vous pourrez maintenir la flamme dans votre couple et construire une relation durable et épanouissante.

Quels sont les efforts que vous déployez actuellement pour entretenir la flamme dans votre couple ? Quelles activités ou gestes spécifiques réalisez-vous régulièrement pour maintenir l'intimité et la connexion ?

....

....

....

....

....

....

....

....

....

La magie de ton amour

Lorsque mes pensées se tournent vers toi, mon amour, c'est comme si le monde entier s'effaçait pour ne laisser place qu'à ta présence, ta voix, ta douceur. Tu occupes mon esprit et mon cœur, tu les enveloppes de ta tendresse et de ta force, et je me sens si chanceux de t'avoir dans ma vie.

Si tu me dis deux mots en sept lettres, je t'appartiens ...

Je t'aime

"Je t'aime" sont les mots les plus puissants lorsque prononcés avec sincérité. Exprime-les avec intention et montre à ceux qui comptent pour toi combien ils sont précieux.

Souffrir ne fait pas partie inévitablement de l'amour. Cherche un équilibre où le respect, la compréhension et la bienveillance sont les piliers de ta relation.

Ma déclaration

Mon amour, mes sentiments pour toi sont comme un océan infini qui s'étend au-delà de l'horizon, profond et éternel.
Tes yeux sont comme des portes qui ouvrent sur un monde merveilleux et mystérieux, un monde où chaque instant est une découverte, où chaque émotion est une promesse de bonheur.
Je t'aime plus que tout au monde, et rien ne pourra jamais changer cela, car mon amour pour toi est un éternel renouveau, une force qui ne faiblit jamais.

Est-ce que j'exprime mes sentiments à mon partenaire ? Comment je lui prouve mes sentiments ?

....

....

....

....

....

Mon partenaire exprime-t-il ouvertement ses sentiments envers moi ? Est-ce qu'il me montre de l'affection et comment fait-il ?

....

....

....

....

....

L'amour Intense

L'amour ne se mesure pas par la durée,
mais par l'intensité des émotions partagées.
Parfois, un court instant d'amour
peut laisser une empreinte éternelle.

Au-Delà de la Peur

La vie est trop courte
pour laisser la peur
nous retenir d'aimer.

Ose exprimer tes sentiments,
car tu ne sais jamais
quelles merveilles
l'amour peut apporter.

Les sentiments

Dans une relation de couple, les sentiments sont les fondations sur lesquelles repose l'amour, la compréhension et la connexion profonde entre deux personnes. Exprimer ses sentiments peut sembler effrayant par moments, mais c'est une étape indispensable pour cultiver une relation épanouissante.

Lorsque nous gardons nos sentiments enfouis en nous, nous risquons de créer un fossé entre notre partenaire et nous. **La communication est la clé** pour partager nos émotions et créer un lien encore plus fort. Cela signifie être vulnérable, authentique et prêt à exprimer nos joies, nos peines, nos espoirs et nos peurs les plus profonds.

Lorsque nous exprimons nos sentiments, nous permettons à notre partenaire de nous comprendre davantage, de ressentir notre amour et de se sentir en sécurité pour partager ses propres émotions. **C'est un échange qui nourrit la relation.**

Exprimer nos sentiments ne se limite pas seulement aux moments de tristesse ou de conflit. C'est aussi important de partager les moments de bonheur et d'affection. En exprimant notre amour, notre appréciation et notre admiration pour notre partenaire, nous renforçons les liens affectifs et créons un environnement de soutien et de bienveillance.

Parfois, exprimer ses sentiments peut être difficile, surtout lorsque nous craignons d'être mal compris, rejetés ou blessés. Garder nos sentiments pour nous-mêmes peut engendrer de la frustration, de la confusion et des malentendus. C'est pourquoi il faut créer un espace sûr et bienveillant où les deux partenaires peuvent **s'exprimer librement, sans jugement ni peur.**

Quand l'amour embrase nos vies

En sa présence, je ressens des sentiments qui sont nés d'une passion intense qui me consume totalement. Chaque moment passé avec lui confirme la réalité et la sincérité de notre amour, et nous savons que nous sommes destinés à traverser ensemble les hauts et les bas de la vie.

Révélateur du cœur

Si vous veniez à tomber dans le coma aujourd'hui, qui prendrait le temps de s'asseoir à vos côtés jusqu'à votre réveil ?

....

Lorsque vous aurez trouvé la réponse, vous saurez qui mérite votre confiance et votre amour.

Quand l'amour brûle d'un rêve inaccompli

Mon plus grand rêve est qu'il revienne vers moi,
qu'il prenne conscience de mes sentiments
et de l'amour que je lui porte.

LES SIGNES D'UN MANQUE DE CONFIANCE EN AMOUR :

1 - Vous êtes toujours inquiet à l'idée que votre partenaire vous quitte.

2 - Vous vous sentez jaloux même lorsque votre partenaire n'a rien fait de mal.

3 - Vous avez du mal à vous ouvrir et à être vulnérable avec votre partenaire.

4 - Vous avez tendance à vous excuser tout le temps.

5 - Vous avez peur de prendre des risques et de sortir de votre zone de confort.

6 - Vous avez du mal à exprimer vos besoins et vos désirs dans la relation.

7 - Vous êtes en quête de validation de votre partenaire.

8 - Vous évitez les conversations difficiles avec votre partenaire.

9 - Vous vous sentez seul ou isolé dans la relation.

Le manque de confiance en couple est une situation délicate qui peut éroder la base même de la relation. Il peut être causé par divers facteurs tels que des expériences passées douloureuses, des déceptions, des mensonges ou des conflits non résolus.

La confiance

Pour remédier à ce manque de confiance, il faut mettre en place certaines actions comme la **communication** qui est primordiale, il faut se parler de manière sincère et partager ses préoccupations, ses peurs et ses besoins en matière de confiance.

La construction de la confiance nécessite du temps et de la patience. Il faut se donner mutuellement **des preuves** de confiance et faire preuve de cohérence dans ses paroles et ses actions.

Encourager son partenaire à s'épanouir, à surmonter ses peurs, être présent et à l'écoute peut aider à créer un sentiment de sécurité et de soutien dans la relation.

En conclusion, le manque de confiance en couple peut être surmonté avec un travail attentif et engagé. La communication, la transparence, le respect des limites, le soutien mutuel et éventuellement l'aide professionnelle peuvent contribuer à rétablir et renforcer la confiance nécessaire pour une relation saine et épanouissante.

Entre bonheur et douleur

La personne qui occupe tes pensées dès le matin et la personne à laquelle tu penses avant de dormir ...

... Peut-être soit la source de ton bonheur, soit la source de ta douleur.

Au-delà de la douleur

Même si ta présence me fait autant souffrir que ton absence,
je préfère vivre avec toi et endurer la douleur,
plutôt que d'être heureuse avec quelqu'un d'autre.

Pour moi, rien ne peut remplacer notre relation,
même si elle est difficile.

N'abandonnons pas !

Les erreurs à éviter lorsque l'on est en couple :

Cacher des choses importantes à son partenaire:
Comme des dépenses, des relations avec d'autres personnes ou des problèmes personnels car cela nuit à la confiance, crée des barrières dans la communication et peut engendrer des tensions et des conflits.

Manquer de confiance en son partenaire:
Entraîne une surveillance excessive, des accusations insensées et des disputes fréquentes.

Mettre de côté ses amitiés pour se consacrer entièrement à sa relation:
Conduit à l'isolement social et à une dépendance excessive à l'égard de son partenaire.

Être extrêmement jaloux de son partenaire:
L'extrême jalousie envers son partenaire est néfaste car elle génère des conflits, mine la confiance mutuelle, étouffe la relation, et peut même conduire à la rupture.

Devenir toxique avec son partenaire:
Créer un environnement tendu et négatif, diminue la confiance et engendre un déséquilibre de pouvoir. Les comportements toxiques dégradent la santé émotionnelle et mènent à un cycle destructeur de problèmes croissants.

La persévérance dans l'amour

Dans chaque relation, des difficultés peuvent surgir et nous pousser à remettre en question notre engagement. Dans les moments où quelque chose ne va pas bien, **il ne faut pas abandonner à la moindre difficulté**. C'est dans ces moments que nous avons l'opportunité de grandir et de renforcer notre relation.

Se battre pour une relation ne signifie pas se battre contre l'autre, mais plutôt se battre pour **trouver des solutions ensemble**, pour comprendre les besoins de chacun et pour construire une relation solide.

Parfois certaines relations peuvent ne pas être saines et épanouissantes, mais pour les relations qui valent la peine de se battre, il faut persévérer. Les moments difficiles sont des opportunités de croissance, et en investissant du temps, de l'énergie et de l'amour, nous pouvons construire une relation solide et **avancer vers un avenir plus épanouissant ensemble.**

Prendre des Décisions pour notre bien-être

On ne quitte pas quelqu'un qu'on aime sans réfléchir

Mais si la relation devient toxique, abusive ou ne répond plus à nos besoins,
Il faut prendre des décisions difficiles pour protéger notre bien-être et celui de notre partenaire.

"Je l'aime encore" → Comment se détacher

- **Ces phrases qui reviennent sans cesse dans ma tête :**

"Chaque jour, tu occupes encore mes pensées."
"Même si je sais que c'est terminé, mon cœur refuse de l'accepter."
"Le passé où nous étions ensemble et heureux me retient toujours."
"Les moments heureux que nous avons partagés restent encore bien présents dans ma mémoire."
"Alors que je progresse dans ma vie, tu surgis soudainement dans mes pensées."
"Et si seulement les choses étaient différentes..."

- **La fameuse question que je me pose:**

" Comment t'oublier ? "

1/ Ose t'exprimer :

Si des questions te hantent sans réponse, si quelque chose te tracasse, ou si tu as un dernier mot à lui dire, n'hésite pas à t'exprimer ! Qu'as-tu à perdre ? Après tout, vous n'êtes plus ensemble, alors ose ! Il vaut mieux obtenir une réponse honnête, même si elle fait mal, que de rester dans le doute qui te ronge chaque jour.

2/ Rompre tout lien avec la personne*:

Couper tout contact après une rupture est très important. Cela permet de créer un environnement sain et d'arrêter de nourrir une imagination destructrice. En scrutant ses réseaux sociaux, tu entretiens des pensées peu constructives. Imaginer la voir en soirée ou s'amuser avec ses amis peut te faire sentir mal et injustement comparé(e). En réalité, tu ne connais pas sa situation, et tes pensées sont des suppositions. Couper le contact met fin à ce cycle, te permettant de te concentrer sur ta guérison et d'avancer.

3/ Ne pas idéaliser la personne:

Tu la trouves incroyable, mais n'oublie pas que c'est elle qui te fait souffrir. Si elle était réellement si extraordinaire, elle ne serait jamais partie. Ton cœur te trompe et tu dois en prendre conscience.

En évitant de l'idéaliser, tu te rendras compte que tu as perdu une personne que tu aimes, et non pas une "perle rare que tu ne retrouveras jamais". Cette nouvelle perspective t'aidera à avancer.

4/ Avance et ouvre ton cœur à de nouvelles opportunités

Continue de te concentrer sur ton travail, fais du sport, avance dans tes projets et sors. En vivant ta vie pleinement, tu éviteras de te morfondre dans ton lit. En sortant, tu auras l'opportunité de faire de nouvelles rencontres et d'oublier cette personne. Donne une chance à ton cœur d'aimer quelqu'un qui est là pour toi, ici et maintenant, afin de retrouver le bonheur à nouveau.

Mettre fin à la violence physique en couple

La violence physique en couple est une réalité tragique et profondément préoccupante qui a des conséquences dévastatrices pour toutes les personnes impliquées. Elle se manifeste par des actes de violence physique tels que les coups, les poussées, les secousses, les étranglements et autres formes d'agression physique au sein d'une relation intime.

La violence dans un couple se manifeste souvent de **manière progressive.** Initialement, elle peut commencer par des humiliations verbales ou des comportements dégradants. Si ces manifestations ne sont pas arrêtées dès le début, et qu'elles sont acceptées et même tolérées, la violence augmente...

La violence en couple peut toucher **tout le monde**, indépendamment de l'âge, du genre, de l'orientation sexuelle ou du statut socio-économique. **Personne ne mérite d'être victime de violence physique, quelles que soient les circonstances.**

Les conséquences de ses actes sont profondément traumatisantes. Les victimes peuvent subir des blessures physiques graves, allant des ecchymoses et des fractures aux lésions internes et même à la mort. Mais les blessures physiques ne sont que la partie visible de l'iceberg. Les victimes peuvent également souffrir de troubles psychologiques tels que l'anxiété, la dépression, le syndrome de stress post-traumatique et une estime de soi gravement affectée.

En cas de violence physique, il faut se défendre, non pas physiquement, mais verbalement. Il faut exprimer clairement à votre partenaire que vous refusez son comportement. Si votre réaction ne produit aucun effet ou si vous vous sentez sérieusement menacé(e) par votre partenaire, il faut chercher une aide pour se protéger et sortir de cette situation dangereuse.

Il existe des ressources et des organismes d'aide qui peuvent offrir un soutien et des conseils essentiels. Les refuges pour femmes, les lignes d'assistance téléphonique et les services de conseil spécialisés dans la violence conjugale sont disponibles pour aider les victimes à trouver un endroit sûr, à obtenir une protection légale et à se reconstruire émotionnellement.

Il est temps de mettre fin au silence et de briser le cycle de la violence. Chaque individu a le droit de vivre dans un environnement sûr et respectueux.

Avez-vous déjà été victime de violence physique dans votre relation ? Comment cela vous a-t-il affecté(e) émotionnellement et physiquement ?

....

....

....

....

....

Quelles mesures pourriez-vous prendre pour vous protéger et garantir votre sécurité si vous êtes confronté(e) à une situation de violence dans votre relation ?

....

....

....

....

....

SIGNES QUI MONTRENT QU'UNE PERSONNE EST TOXIQUE :

1 - Comportement de manipulateur.

2 - Tendance à critiquer constamment.

3 - Narcissisme.

4 - Jalousie excessive .

5 - Caractère égoïste.

6 - Absence de respect.

7 - Dénigrement.

8 - Isolement.

9 - Menaces .

10 - Contrôle excessif.

11 - Manipulation émotionnelle.

12 - Incapacité à respecter les limites.

13 - Abus verbal ou physique

Évade-toi des relations toxiques vers l'amour-propre

Ne souffre pas en t'attachant à des personnes qui ne t'aiment pas vraiment et qui ne te contactent que lorsqu'elles ont besoin de toi.

Tu mérites plus que des miettes d'attention.
Ne laisse pas la peur de décevoir te retenir dans des relations toxiques.

Libère-toi et ouvre-toi à des connexions authentiques et épanouissantes.

Choisis l'amour-propre et entoure-toi de personnes qui te respectent réellement.

Sortir d'une Relation Toxique pour Préserver son Bien-être

Reconnaître une relation toxique et agir en conséquence

Il faut savoir reconnaître les signes d'une relation toxique afin de prendre des mesures pour préserver notre bien-être émotionnel et mental. Voici quelques indices qui peuvent indiquer que vous êtes dans une relation toxique, ainsi que des actions à entreprendre si vous vous trouvez dans cette situation difficile.

Signes d'une relation toxique :

1. Contrôle excessif : Si votre partenaire exerce un contrôle excessif sur vous, tente de limiter votre liberté et de dicter vos choix et vos actions, cela peut être un signe de relation toxique.

2. Abus émotionnel : Des insultes, des dévalorisations, des manipulations émotionnelles constantes et des comportements agressifs peuvent indiquer une relation toxique où votre bien-être émotionnel est compromis.

3. Isolement social : Si votre partenaire vous empêche de passer du temps avec vos amis, votre famille ou vous critique pour vos relations sociales, cela peut être un signe d'une relation toxique visant à vous isoler.

4. Déséquilibre de pouvoir : Si vous vous sentez constamment inférieur, contrôlé ou diminué dans la relation, cela peut indiquer un déséquilibre de pouvoir malsain qui peut être toxique.

Que faire dans ce cas-là :

1. Reconnaître la situation : Prenez conscience des signes et reconnaissez que vous êtes dans une relation toxique. Admettre la réalité est la première étape pour pouvoir prendre des mesures positives.

2. Chercher du soutien : Parlez à des amis proches, des membres de votre famille ou des professionnels de confiance pour obtenir du soutien émotionnel et des conseils sur la meilleure façon de sortir de cette situation.

3. Établir des limites claires : Identifiez vos limites personnelles et exprimez-les à votre partenaire. Soyez ferme quant à ce que vous acceptez et ce que vous ne tolérez pas dans la relation.

4. Mettre fin à la relation : Si la situation ne s'améliore pas malgré vos efforts et que votre bien-être continue d'être compromis, envisagez de mettre fin à la relation. Faire preuve de courage et de confiance en vous est essentiel pour votre propre épanouissement.

Rappelez-vous que vous méritez d'être dans une relation saine, respectueuse et épanouissante. Ne craignez pas de prendre les mesures nécessaires pour protéger votre bien-être et votre bonheur. Vous avez le droit d'être traité avec respect, d'être aimé, soutenu et valorisé dans une relation. Ne laissez pas les comportements toxiques vous convaincre que vous méritez moins que cela. Vous méritez d'être entouré de personnes qui vous comprennent, vous acceptent et vous soutiennent dans vos aspirations et vos objectifs. N'ayez pas peur de prendre les mesures nécessaires pour protéger votre bien-être.

Avez-vous déjà vécu une relation avec une personne que vous considérez comme toxique ? Si oui décrire le pourquoi.

....

....

....

....

....

Quels sont les comportements ou les traits de caractère de cette personne qui ont été toxiques pour vous ?

....

....

....

....

....

Prends le contrôle de ton propre chemin

Ne donne jamais le droit à qui que ce soit de te juger, d'argumenter sur tes choix de vie, sur ton parcours, sur tes projets. Toi seul es en position de le faire. N'oublie jamais, que même si tu as besoin de l'avis des autres pour prendre une décision, **toi seul es le maître de ton avenir.**

Fais tes choix par rapport à toi, ce que tu veux, par rapport à tes ressentis. Écoute-toi, seulement toi. Ne fais jamais tes choix par rapport au regard de l'autre, mais fais les parce que tu en ressens l'envie, le besoin, au plus profond de toi. Tu peux parfois te sentir perdu face à une situation, face à une personne, et lorsque cela arrive, demande toi ce qui t'a amené ici.
Pourquoi es-tu ici aujourd'hui, et quel était ton objectif en premier lieu ?

Cela te permettra de te remettre sur ta route, de continuer ton chemin, non pas parce qu'il le faut, mais parce que tu en as envie. Au fond de ton être, tu possèdes la clé de ta propre destinée. Ne laisse personne te la voler. Affirme ton droit de choisir, de prendre des risques et d'évoluer selon tes propres aspirations.
Souviens-toi que ta vie t'appartient, et tu as le pouvoir de la transformer en une expérience authentique et épanouissante. Lorsque tu écoutes ta voix intérieure, tu te connectes avec ta véritable essence et tu deviens l'architecte de ton propre bonheur.

Une Immersion dans l'Instant Présent

Ferme les yeux, et ressens. Ressens ce que ton corps cherche à te dire, les battements de ton cœur, et la place que prend l'air dans tes poumons. Ressens le vent qui caresse ton visage, essaie de le visualiser, de le toucher. Ressens les vibrations que font les chants des oiseaux dans ton intérieur.
Puis ouvre les yeux et regarde. Regarde la beauté de ce qui t'entoure, la couleur verdoyante des arbres, l'infini du ciel, aussi infini que l'amour que tu dois te porter chaque jour. Regarde combien la vie peut être belle, lorsque tu la regardes en face, avec une vision différente, et lorsque tu ressens chaque chose, ici et maintenant.

L'adieu et la solitude

“ Ta voix résonne encore dans mon âme, mais elle est devenue un écho lointain, un murmure qui me rappelle que tout est fini entre nous. Je suis seul face à ma peine, à mon chagrin, à mes remords, tandis que tu es parti vivre une autre vie, sans moi. “

L'amour

Au commencement, il y a cette étincelle, ce frisson qui court le long de notre échine. Un sentiment d'excitation et d'émerveillement émerge lorsque nous rencontrons cette personne spéciale. Chaque regard échangé, chaque sourire partagé nourrit la flamme grandissante de l'amour.

Mais l'amour ne se limite pas à la passion enflammée. Il s'étend également à la tendresse, à la complicité et à la confiance mutuelle. La présence de l'être aimé nous procure un réconfort, un sentiment de sécurité et de compréhension. Dans ses bras, nous trouvons un havre de paix où nos soucis se dissipent et où nous pouvons être pleinement nous-mêmes.

Pourtant, l'amour n'est pas toujours un doux voyage. Des nuages sombres peuvent parfois obscurcir le ciel de notre relation. Les disputes, les désaccords et les déceptions peuvent entraîner des tourments émotionnels. La peur de perdre l'autre peut engendrer de l'anxiété, tandis que la jalousie peut consumer nos cœurs.
Parfois, l'amour nous fait souffrir. Les adieux déchirants et les cœurs brisés sont des épreuves douloureuses à traverser. Mais même dans la douleur, l'amour nous offre une leçon précieuse. Il nous enseigne sur nous-mêmes, sur nos désirs et nos limites. Il nous permet de grandir et de devenir plus forts.

L'amour est un voyage sans fin, une aventure remplie de hauts et de bas. C'est un mélange complexe de joie, de peine, de passion et de réconfort. Mais c'est aussi ce qui rend la vie si riche et si profonde.

Comment définiriez-vous l'amour et qu'est-ce que cela signifie pour vous personnellement ?

....

....

....

Quels sont les éléments clés d'une relation amoureuse épanouissante et durable, selon vous ?

....

....

....

Quels conseils donneriez-vous à quelqu'un qui cherche à construire une relation amoureuse épanouissante et durable ?

....

....

....

Une passion enflammée

“ Il a comblé les vides de mon âme, illuminant ma vie de mille éclats de bonheur. Avec lui, j'ai découvert le véritable sens de l'amour et de la plénitude, une fusion d'âmes qui transcende les limites du temps et de l'espace. Ses baisers, telles des caresses enflammées, ont envoûté mes sens. Chaque contact dc ses lèvres sur les miennes a allumé un feu ardent, consumant mes pensées et m'enivrant d'une passion dévorante.”

Quels sont les traits de caractère de votre partenaire qui vous attirent le plus et qui renforcent votre amour pour lui/elle ?

....

....

....

....

....

Comment votre partenaire vous fait-il/elle rire et apporte-t-il/elle de la joie dans votre vie ?

....

....

....

....

....

La danse des sens

"Sous le voile de la nuit, nos corps se sont enlacés dans une danse passionnée, s'explorant mutuellement avec un désir ardent. Chaque contact de nos peaux électrisait l'atmosphère, créant une symphonie silencieuse de frissons et de plaisirs indicibles."

La danse des plaisirs

"Les contours de nos corps se sont fondus dans une étreinte enfiévrée, fusionnant nos souffles et nos soupirs dans une symphonie de passion dévorante. Chaque mouvement était une chorégraphie sensuelle, révélant les mystères du plaisir partagé."

La danse des caresses

"Ses doigts effleuraient ma peau avec une délicatesse enivrante, réveillant des sensations endormies depuis trop longtemps. Chaque caresse était un souffle de feu qui embrasait mon être, faisant éclore des fleurs de désir dans les moindres recoins de mon corps."

L'harmonie sensuelle : Les corps en fusion

Les relations sexuelles dans un couple sont un échange intime et passionné, un langage unique que seuls les partenaires partagent. C'est un moment de connexion profonde, où les corps se rejoignent pour exprimer **leur amour, leur désir et leur complicité.** C'est un espace où les inhibitions peuvent se dissoudre, permettant aux partenaires d'explorer leur sensualité et de se perdre dans le plaisir mutuel. Chaque caresse, chaque baiser et chaque mouvement sont empreints d'une intensité émotionnelle qui renforce le lien entre eux.

Dans ces moments de tendresse et d'extase, les partenaires se découvrent et se redécouvrent, apprennent à lire les désirs et les réactions de l'autre. Ils s'abandonnent à l'intimité, créant ainsi une intimité encore plus profonde et une confiance renforcée.
Les relations sexuelles dans un couple ne se résument pas uniquement à la satisfaction physique, mais sont également une forme **d'expression de l'amour** et de l'intimité émotionnelle. C'est une façon pour les partenaires de se connecter non seulement physiquement, mais aussi émotionnellement et spirituellement.

Il faut cultiver une communication ouverte et honnête autour de la sexualité, partager ses désirs, ses limites et ses fantasmes avec respect et consentement mutuel. Cela permet de maintenir une connexion sexuelle épanouissante et de continuer à faire grandir la flamme de l'amour et du désir dans la relation de couple.

À quelle fréquence prenez-vous le temps de vous consacrer à des moments intimes avec votre partenaire, en dehors de la routine quotidienne ? cela vous convient? Qu'aimerais vous ?

....

....

....

....

....

Comment les moments d'intimité physique ont-ils évolué tout au long de votre relation ? Comment pouvez-vous continuer à explorer et à enrichir cette dimension de votre relation ?

....

....

....

....

Équilibre entre l'instant présent et l'avenir du couple

Vivre l'instant présent en couple signifie être pleinement présent et engagé dans chaque instant partagé. C'est s'immerger dans la beauté des petits gestes d'affection, des conversations sincères, et des moments de complicité. C'est apprécier la présence de l'autre, ressentir l'amour et la connexion qui vous unit, et créer des souvenirs précieux ensemble.

Pourtant, **se projeter dans le futur** est également important. Cela implique de discuter et de planifier ensemble, de nourrir des objectifs communs, de construire une vision partagée de la vie à long terme. Se projeter dans le futur permet de nourrir l'espoir, d'entretenir la flamme de l'amour et de créer une base solide pour la croissance et l'épanouissement du couple.

Il faut trouver un équilibre entre ces deux aspects. Trop se concentrer sur le futur peut nous faire négliger les précieux moments présents. À l'inverse, se perdre totalement dans l'instant sans envisager l'avenir peut entraîner une stagnation ou une absence de direction.

L'amour se nourrit de la présence, de la complicité et de la vision partagée. En vivant pleinement l'instant présent tout en nourrissant vos rêves communs, vous construisez un avenir où l'amour continue de grandir et de s'épanouir.

Les blessures du passé

Les blessures du passé ont un impact profond sur nos relations présentes et sur notre façon de voir les choses. Elles laissent des cicatrices invisibles qui influencent nos pensées, nos émotions et nos comportements. Ces blessures peuvent altérer notre perception de nous-mêmes, des autres et du monde qui nous entoure.

Lorsque nous portons les stigmates d'expériences douloureuses, nous pouvons devenir méfiants, craintifs ou défensifs dans nos relations. **Nous nous mettons des barrières pour nous protéger, craignant d'être blessés à nouveau**. La confiance devient difficile à accorder, car nous avons peur d'être trahis ou abandonnés.

Ces blessures peuvent également teinter notre vision du monde. Nous pouvons adopter des filtres négatifs qui nous poussent à anticiper les déceptions et les échecs. Nous pouvons projeter nos craintes passées sur nos relations actuelles, cherchant des signes de danger ou d'abandon **là où il n'y en a peut-être pas**.

Les souffrances peuvent également influencer notre estime de soi. Elles peuvent nous faire douter de notre valeur et de notre capacité à être aimés. Nous pouvons chercher la validation et l'approbation constantes, craignant d'être rejetés si nous ne répondons pas aux attentes des autres.

Pourtant, nos blessures ne définissent pas qui nous sommes aujourd'hui. Elles peuvent avoir forgé notre parcours, mais elles ne doivent pas déterminer notre avenir. En prenant conscience de ces blessures et en travaillant sur leur guérison, nous pouvons progressivement **ouvrir notre cœur à de nouvelles expériences**.

La clé réside dans l'acceptation et l'amour de soi. En reconnaissant nos souffrances et en nous offrant une compassion sincère, nous pouvons guérir nos propres cicatrices intérieures. En cultivant l'amour-propre, nous pouvons construire des relations plus saines et équilibrées.

Il faut aussi communiquer avec notre partenaire ou nos proches. En partageant nos expériences passées, nos craintes et nos besoins, nous permettons à l'autre de mieux comprendre nos réactions et de nous **soutenir** dans notre processus de guérison. Une communication ouverte et honnête favorise la compréhension mutuelle et renforce les liens affectifs.

En fin de compte, les blessures du passé peuvent être des opportunités de croissance personnelle. En travaillant sur nous-mêmes, en nous libérant des schémas négatifs et en embrassant la guérison, nous pouvons transformer notre perception des relations et du monde. Nous pouvons construire des fondations solides pour des connexions authentiques et épanouissantes, où l'amour, la confiance et la compréhension mutuelle peuvent s'épanouir.

Sous les apparences, le désir d'être compris

“Parfois, lorsque je dis que tout va bien, ce que je souhaite vraiment, c'est qu'une personne me regarde droit dans les yeux, me serre dans ses bras et me dise : "Je sais que ce n'est pas le cas."

Surmonter la douleur du passé

"Je me retrouve encore en train de revivre cette situation douloureuse, cette blessure qui a marqué mon cœur. Les souvenirs me hantent, et la peur s'insinue en moi, celle de revivre la même douleur, la même trahison. Cette crainte m'entrave, me bloque dans ma progression et dans ma capacité à avancer sereinement.

Les cicatrices de cette blessure demeurent, et elles influencent mes pensées et mes émotions. Je me retrouve à construire des murs de protection, à garder mes distances, de peur d'être à nouveau blessé. Cette appréhension me pousse à anticiper les déceptions et à me méfier des autres, par crainte qu'ils ne répètent les erreurs du passé. Pourtant, je réalise que cette peur constante me retient prisonnier du passé. Elle m'empêche de vivre pleinement le présent et d'explorer les possibilités de construire de nouvelles relations. En laissant cette blessure diriger ma vie, je me prive de l'opportunité de connaître de nouvelles expériences, de rencontrer des personnes qui pourraient m'apporter de la joie et du bonheur.

En affrontant mes peurs, en prenant des risques calculés et en m'accordant du temps pour guérir, je sais que je pourrai avancer vers un avenir où le passé ne sera plus un fardeau qui m'entrave, mais une leçon qui m'a rendu plus fort et plus sage."

Une force remarquable

“ Beaucoup de gens sous-estiment la force mentale nécessaire lorsqu'ils se trouvent au plus bas, mais continuent à se lever chaque matin et à lutter contre eux-mêmes pour tenter de mener une vie normale.

Cet état d'esprit démontre leur résilience et leur courage face aux difficultés de la vie, et mérite une reconnaissance et une grande admiration. “

Apprends de tes erreurs pour grandir

Chaque erreur est une opportunité de découvrir quelque chose de nouveau.
L'échec ne survient que lorsque tu renonces

- Chaque obstacle rencontré offre une opportunité de progresser et d'apprendre.
- Les erreurs permettent de repérer ce qui ne fonctionne pas et de l'améliorer pour la prochaine fois.
- L'abandon te prive de la chance de t'améliorer et de réussir à l'avenir.
- La persévérance est la clé pour surmonter les obstacles.
- Apprendre de tes erreurs te rendra plus fort et plus compétent à l'avenir.
- Continuer à essayer te donne la chance de réussir.
- N'aie pas peur de faire des erreurs, utilise-les pour apprendre et grandir.
- Faire face à tes erreurs te permettra de devenir la meilleure version de toi-même.

Comment savoir si vous êtes dépendant affectif :

1 - Se demander constamment où il est et ce qu'il fait.

2 - Avoir peur de l'abandon.

3 - Être constamment jaloux, et possessif

4 - Ressentir une grande joie en sa présence et éprouver un émotionnel lorsque tu es seule sans lui.

5 - Vivre des angoisses au quotidien.

6 - Éprouver le besoin de rechercher son approbation pour chacune de tes décisions.

7 - Souvent se demander s'il t'aime encore.

8 - Pardonner tout et n'importe quoi pour ne pas le perdre.

9 - Ne pas avoir de motivation si tu n'es pas avec lui.

Les signes de la dépendance affective :

Vous ressentez le besoin de connaître tous les détails de sa vie:
Vous vous demandez constamment ce qu'il (ou elle) fait, pourquoi il (ou elle) ne répond pas, avec qui il (ou elle) est. Que ce soit par les réseaux sociaux, les messages ou les appels réguliers, vous avez besoin de vous sentir rassuré(e), même à travers le monde virtuel.

Le manque se fait sentir rapidement : Votre partenaire part le matin et vous ressentez déjà un vide quelques heures plus tard. Vous ne vous sentez pas bien lorsque votre partenaire passe un après-midi avec ses amis. À ce stade, on peut réellement parler de dépendance affective sentimentale. Un simple message de sa part améliore votre état d'esprit Lorsque vous recevez un message de lui (ou elle), vous vous sentez immédiatement mieux. Votre positivité revient et vous pouvez avoir des changements d'humeur radicaux.

Peur intense de l'abandon : La peur intense d'être abandonné(e) par votre partenaire est un signe caractéristique de la dépendance affective. Cette peur peut conduire à des comportements possessifs, jaloux et à un attachement excessif.

Les effets secondaires de la dépendance affective

- Accepter des situations anormales telles que la tromperie, les comportements violents ou agressifs verbalement.

- Se consacrer exclusivement à l'autre au détriment de ses relations avec les amis, la famille, les activités sociales et le travail.

- Réagir de manière disproportionnée et incohérente en cas de doute, en imaginant des scénarios fictifs, en ressentant de la paranoïa ou des peurs irrationnelles amplifiées.

- Se sentir malade lorsque l'autre ne répond pas: éprouver de l'angoisse, de la tristesse, de la colère, de l'impatience, ou avoir une boule au ventre.

- Être profondément perturbée par le moindre conflit, en interrompant toutes les activités, en se repliant sur soi-même et en faisant face à des crises d'angoisse et de peur.

Contrôler sa dépendance affective en amour?

"Je ressens un manque incontrôlable lorsque mon partenaire n'est pas à mes côtés, ce qui me rend mal et me stresse."

Vous avez l'impression qu'une force invisible vous empêche de vous sentir bien lorsque vous êtes loin de la personne que vous aimez, et vos craintes prennent le dessus.Vous êtes conscient(e) de votre attitude, mais vous n'arrivez pas à contrôler votre dépendance affective envers votre partenaire.

Voici quelques étapes qui peuvent vous aider:

- Reconnaître la situation
- Accepter qu'il faille du temps pour changer.
- Faire une liste de tous tes comportements problématiques.
- Se fixer des objectifs, par exemple, pouvoir partir un week-end seul sans avoir peur, ou limiter le nombre de fois où tu demandes à ton partenaire s'il t'aime.
- Maintenir tes efforts et apprécier chaque victoire.
- Ne pas avoir peur de t'affirmer et de te transformer.
- Se rassurer en obtenant des assurances de la part de ton partenaire.
- Relativiser : regarder la relation sur le long terme.
- Être attentif(ve) aux signes montrant que ton partenaire tient à toi.
- Ne pas fuir ni abandonner, mais plutôt prendre conscience du moment où tu te trouves en pleine dépendance et prendre des mesures pour y remédier.
- Ne pas vivre uniquement pour l'autre, mais s'accorder du plaisir et du temps pour soi-même.

Vous arrive-t-il de ressentir un besoin constant de connaître tous les détails de la vie de votre partenaire, ce qu'il/elle fait, avec qui il/elle est, etc. ?

....

....

....

....

....

Avez-vous conscience de vos comportements problématiques liés à la dépendance affective ? Quelle en est la cause ?

....

....

....

....

....

Tu sais que tu commences à guérir de la dépendance affective lorsque :

- Tu prends conscience de ta blessure et tu réalises à quel point elle peut influencer tes pensées, tes émotions et tes réactions.

- Cela se transforme en un exercice pour ton évolution personnelle et ta guérison de cette blessure.

- Lorsque ta blessure est activée et que tu ressens de la contrariété, tu parviens à t'en rendre compte immédiatement.

- Tu parviens à dire "non" sans te sentir égoïste et tu n'hésites plus à établir des limites, car tu as développé tes compétences en communication et tu es devenu(e) plus habile pour t'exprimer sur ce sujet.

- Tu réalises avant tout que tu ne dois plus réagir de manière impulsive, mais plutôt prendre du recul et analyser la situation.

- Tu parviens à avoir une compréhension claire de la façon dont les autres aiment différemment de toi, et cela n'a plus d'impact sur toi.

- Tu prends conscience de l'importance de tes propres besoins et tu réalises que tu as la capacité d'établir des limites.

- Tu abandonnes les attentes totalement démesurées envers les autres, car tu les acceptes tels qu'ils sont sans être excessivement exigeant(e).

COMMENT RECONNAÎTRE LES SIGNES D'UNE JALOUSIE EXCESSIVE DANS VOTRE RELATION AMOUREUSE.

1 - Vous êtes constamment en train de demander à votre partenaire où il/elle est, ce qu'il/elle fait et avec qui il/elle est.

2 -Vous vérifiez fréquemment le téléphone ou les réseaux sociaux de votre partenaire pour voir s'il/elle a des messages ou des contacts suspects.

3 - Vous devenez irrationnellement jaloux(se) lorsque votre partenaire parle à une personne du sexe opposé ou passe du temps avec des amis.

4 - Vous êtes souvent en colère ou en train de vous disputer avec votre partenaire à cause de votre jalousie.

5 - Vous avez des pensées obsessives à propos de votre partenaire en train de vous tromper ou de vous quitter.

6 - Vous avez tendance à vous isoler de votre partenaire et de vos amis et à vous concentrer uniquement sur votre relation.

7 - Vous avez une faible estime de vous-même et vous craignez que votre partenaire puisse trouver quelqu'un de mieux que vous.

Les tourments de la jalousie

"La jalousie, telle une ombre insidieuse, s'est immiscée dans notre amour, semant le doute et l'insécurité. Elle a enveloppé nos moments tendres de soupçons et de questionnements, faisant vaciller la confiance sur laquelle nous nous étions construits."

"Chaque éclat de rire partagé était accompagné d'une pointe de suspicion, chaque geste d'affection était scruté à la recherche d'une trahison imaginaire. La jalousie m'envahissait, jouant avec mes émotions et grignotant peu à peu la sérénité de notre relation."

La jalousie: La comprendre, la surmonter.

Pour comprendre votre jalousie il faudrait en chercher l'origine. Elle peut être nourrie par un manque de confiance en soi, créant la peur de l'abandon de la part de notre partenaire

Elle peut également être alimentée par des attentes non satisfaites, provoquant de la colère lorsque quelqu'un d'autre s'approche de notre conjoint,
craignant qu'il ne nous donne pas assez ou qu'il nous enlève ce que nous désirons ardemment.

La jalousie peut surgir comme une émotion indésirable, prête à semer le désordre et à nous faire perdre confiance. Elle est une émotion puissante et parfois déroutante, ayant la capacité de perturber notre esprit et de nous causer une profonde détresse émotionnelle.

La jalousie en couple peut se manifester de différentes façons. Elle peut être suscitée par la peur de perdre l'autre, par l'insécurité face à des interactions avec des personnes extérieures, ou même par des souvenirs douloureux du passé. Quelle qu'en soit la cause, elle peut provoquer des tourments intenses et des **conflits émotionnels.**

Elle peut nous faire douter de nous-mêmes, de notre valeur et de notre place dans la vie de notre partenaire. Elle nous pousse à scruter chaque geste, chaque regard, chaque message, **à la recherche d'indices de trahison** ou de désintérêt. Elle crée un voile sombre qui obscurcit notre vision, **nous empêchant de voir la réalité telle qu'elle est.**

Mais la jalousie n'est pas inévitablement destructrice. Elle peut être un **signal d'alerte**, un rappel que quelque chose ne va pas et qu'il est temps de communiquer ouvertement et honnêtement avec notre partenaire. C'est l'occasion de renforcer la confiance mutuelle, de comprendre les besoins et les limites de chacun, et de travailler ensemble pour surmonter les obstacles.

Il faut se rappeler que la jalousie n'est pas un signe d'amour intense, mais plutôt le **reflet de nos propres insécurités** et de nos peurs. En développant une meilleure estime de soi, en cultivant la communication ouverte et en favorisant une relation basée sur la confiance et le respect, nous pouvons atténuer les effets nocifs de la jalousie.

La clé réside dans la compréhension mutuelle, dans la communication, dans la volonté d'écouter et de soutenir notre partenaire. Il faut reconnaître que la jalousie est une émotion humaine, mais qu'**elle ne doit pas dicter notre relation**.

En travaillant ensemble pour surmonter les défis de la jalousie, nous pouvons construire un lien solide et épanouissant, empreint de confiance et de sécurité.

Quelles sont les situations ou les événements qui déclenchent généralement votre jalousie envers votre partenaire ? Est-ce lié à des interactions avec d'autres personnes, des absences ou des activités particulières ?

....

....

....

Est-ce que votre partenaire est conscient de votre jalousie ? Avez-vous déjà communiqué avec lui/elle à ce sujet et quelles ont été ses réactions pour vous rassurer ?

....

....

....

Est-ce que vos sentiments de jalousie sont fondés sur des éléments concrets ou sont-ils plus liés à des peurs ou des insécurités internes ?

....

....

....

COMMENT SAVOIR QU'UNE PERSONNE NE VOUS AIME PLUS :

- *Elle ne vous complimente plus comme avant.*
- *Elle souligne vos défauts de manière régulière.*
- *Elle ne fait plus d'effort pour entretenir la flamme de votre relation.*
- *Elle ne fait plus de projets d'avenir avec vous.*
- *Elle évite les moments d'intimité physique avec vous.*
- *Elle montre une certaine distance émotionnelle envers vous.*
- *Elle communique de moins en moins.*

Illusions d'amour non partagé

“ Je ne regrette pas de t'avoir connu,
mais je réalise que je me suis fait des illusions ,
en pensant que tu pourrais m'aimer autant que je t'aie aimé...

À présent, je suis conscient que nos sentiments ne sont pas partagés, et cela me rend triste ... “

Il est douloureux d’éprouver de l’amour.
Pour une personne qui ne t’aime pas en retour.
Et qui ne veut pas de toi.

Passer à autre chose

Dans la vie, il arrive que les chemins se séparent et que les relations amoureuses prennent fin. Les séparations peuvent être déchirantes et sembler insurmontables, mais **il faut savoir passer à autre chose.** Laisser partir l'autre personne et se donner la chance de commencer une nouvelle vie peut être une étape nécessaire pour retrouver le bonheur.

Lorsque la séparation survient, il faut accepter la réalité de la situation. Il peut être tentant de s'accrocher aux souvenirs et aux moments partagés, mais il faut reconnaître que ces instants appartiennent au passé. Permettez-vous de ressentir vos émotions, qu'il s'agisse de tristesse, de colère ou de confusion mais évitez de vous laisser submerger par ces sentiments. Acceptez que la relation ait pris fin et que **vous devez désormais regarder vers l'avenir.**

Lâcher prise et laisser partir l'autre personne peut être un acte de libération. Cela signifie se détacher de l'idée d'un futur commun et accepter que chaque individu ait le droit de tracer son propre chemin. Cela ne signifie pas oublier les moments partagés ou minimiser leur importance, mais plutôt reconnaître que la vie est en constante évolution et que chaque personne doit poursuivre son propre voyage.

Commencer une nouvelle vie après une séparation est une occasion de se recentrer sur soi-même. Profitez de cette période de transition pour redécouvrir vos passions, vos rêves et vos objectifs personnels. Prenez le temps de vous investir dans des activités qui vous apportent de la joie et de l'épanouissement. Renforcez vos relations amicales et familiales, entourez-vous de personnes positives qui vous soutiennent et vous encouragent.

Silence du cœur, espoir retrouvé

“ Les mots non dits pèsent en silence sur mon cœur. Sans toi, l'avenir en couple s'évanouit. Les nuits sont solitaires, sans ta voix réconfortante. Les gestes tendres me manquent cruellement. Les larmes tracent mon chagrin.

J'espère guérir et trouver de nouvelles opportunités. Peut-être que nos chemins se croiseront à nouveau. Je te souhaite le meilleur, malgré la douleur de l'absence. J'apprends à me reconstruire. La vie continue, j'espère retrouver la sérénité et le bonheur.”

Le retour en couple après une séparation : Une décision délicate

Le retour en couple après une séparation est une décision complexe et chargée d'émotions. Chaque situation est unique et il faut prendre en compte plusieurs facteurs pour déterminer si c'est une bonne ou une mauvaise chose.

Dans certaines situations, le retour en couple est une expérience positive. Les deux partenaires peuvent avoir pris le temps nécessaire pour réfléchir. Ils peuvent avoir appris de leurs erreurs passées et être prêts à apporter des changements significatifs. Dans ces cas, le retour en couple offre une occasion de reconstruire une relation **plus solide et épanouissante.**

Mais il faut considérer les raisons de la séparation initiale. Si la séparation est due à des problèmes profonds et persistants, il faut aborder ces problèmes avant de décider de retourner en couple. Ignorer ou minimiser ces problèmes pourraient conduire à une répétition des mêmes schémas destructeurs.

Il faut examiner les émotions ressenties après la séparation. Si la douleur, la colère ou la méfiance dominent encore, il est préférable de prendre du recul et de permettre à chacun de guérir individuellement. Il faut établir une communication ouverte et honnête pour discuter des problèmes, des attentes et des changements nécessaires avant de prendre la décision de se remettre ensemble.

La confiance est un élément clé dans toute relation. Si la confiance a été brisée lors de la séparation précédente, il faudra du temps et des efforts pour la reconstruire. Les deux partenaires doivent être prêts à faire preuve de transparence, de compréhension et de patience pour rétablir un climat de confiance mutuelle.

Il faut aussi prendre en compte **l'opinion et le soutien de votre entourage**. Les amis et la famille peuvent fournir des perspectives extérieures objectives et aider à évaluer si le retour en couple est une décision saine. Leur soutien et leurs conseils peuvent être précieux lors de ce processus de réflexion.

En fin de compte, le retour en couple après une séparation peut être une bonne chose si les problèmes sous-jacents ont été identifiés, si les changements nécessaires ont été apportés et si les deux partenaires sont engagés à travailler ensemble pour une relation plus épanouissante.Il faut prendre cette décision avec prudence, en prenant en compte les leçons apprises et en faisant preuve d'honnêteté et de clarté dans la communication.

Avez-vous déjà été confronté(e) à ce cas-là ? Si oui, quel a été votre choix ? Sinon, quelle est votre vision sur le sujet ?

....

....

....

....

....

....

....

....

....

....

....

....

La puissance de la rupture dans les relations amoureuses

Il faut parfois se quitter pour mieux se retrouver et pour réaliser à quel point on a besoin de l'autre.

La rupture peut être un mal nécessaire pour reconstruire une relation plus forte et plus passionnée.

Car après tout, il n'y a rien de tel qu'une bonne crise pour raviver la flamme de l'amour.

L'importance de la communication

Le manque de communication dans une relation peut causer des dommages significatifs. Sans une communication ouverte et régulière, les malentendus et les frustrations s'accumulent. Les partenaires peuvent se sentir ignorés, incompris et négligés.

Cela crée un fossé émotionnel qui peut éroder la confiance et l'intimité. Les non-dits et les suppositions remplacent les conversations honnêtes et ouvertes. Les problèmes non résolus s'aggravent avec le temps, ce qui peut conduire à une accumulation de ressentiments et éventuellement à des conflits explosifs.

De plus, le manque de communication limite la possibilité de construire une compréhension mutuelle. Lorsque les partenaires ne partagent pas leurs pensées, leurs sentiments et leurs besoins, ils ont du mal à se connecter véritablement. Ce qui peut entraîner une sensation de solitude et une diminution de **l'intimité émotionnelle.**

La communication en couple est essentielle pour une relation épanouissante. Elle crée un espace où les partenaires peuvent se comprendre et se soutenir. Une communication ouverte, honnête et respectueuse favorise la compréhension mutuelle et prévient les malentendus. Prendre le temps d'écouter activement, de **s'exprimer clairement** et d'être attentif aux besoins de l'autre est essentiel pour cultiver une communication saine et nourrir la relation.

Questions pertinentes pour un couple :

QUESTION POUR VOTRE PARTENAIRE :

- Comment te vois-tu dans notre avenir ?
- Est-ce que tu te projettes avec moi ?
- Quel est ton plus grand rêve pour notre couple ?
- Quel est le meilleur souvenir que tu as de nous deux ?
- Est-ce que tu penses qu'il y a des choses chez toi qui te rendent difficile à aimer ?
- Y a-t-il des choses que tu fais et aimerais que j'apprécie davantage ?

QUESTION À SE POSER ENTRE VOUS :

- Comment pouvons-nous améliorer notre communication pour mieux nous comprendre ?
- Comment gérons-nous les conflits et comment pouvons-nous trouver des solutions ensemble ?
- Comment pouvons-nous équilibrer nos vies personnelles, professionnelles et notre relation ?
- Qu'est-ce qui nous rend heureux en tant que couple et comment pouvons-nous cultiver ces moments de bonheur ?

QUESTION À SE POSER SOI-MÊME :

- Etes-vous toujours important(e) pour votre partenaire ?
- Votre partenaire compte-t-il toujours autant pour vous ?
- Comment votre partenaire démontre-t-il/elle son importance dans votre vie ?
- Est-ce que vous êtes toujours engagé(e) à faire de votre relation une priorité dans votre vie ?
- Est-ce que vous vous sentez soutenu(e) et aimé(e) par votre partenaire ?

Le break dans le couple :
Entre bénéfice et risque, une décision à peser

Si vous êtes en couple et que vous envisagez de faire un break, cela peut être à la fois la meilleure idée possible et la pire idée possible.

- **Il y a deux possibilités à considérer.** Tout d'abord, il faut comprendre d'où vient l'idée de faire ce break. Si cela vient du fait que vous vous soyez un peu éloignés, que les choses ne vont plus très bien, ou que vous avez besoin de vous retrouver, alors **une pause peut être bénéfique**. Dans ce cas, le break est un moyen de vous reconnecter dans votre relation. Pourquoi ? Parce qu'il est fait avec intention. Lorsque vous décidez de faire une pause avec votre partenaire, vous le faites en vous disant que vous allez prendre ce moment pour vous connecter à vous-même, pour guérir. Cela peut être extrêmement bénéfique.
- La deuxième possibilité est que vous faites face à un obstacle que vous ne savez pas trop comment gérer, et vous décidez donc de faire un break. Le problème avec cette situation, c'est que vous ne voulez pas forcément rompre, mais vous décidez de faire une pause **parce que vous ne savez pas quoi faire d'autres.** Il n'y a pas d'intention claire et en réalité, cela relève davantage d'un comportement d'évitement des problèmes.. Dans ce cas, il faut communiquer et affronter les problèmes qui pèsent sur la relation. Sinon, cela conduira inévitablement à une véritable rupture.
- **Il est très important de définir les limites du break**, c'est-à-dire quand est-ce qu'il prend fin, combien de temps vous avez besoin, quelles sont les limites à ne pas franchir pendant cette pause. Cela est également très important pour éviter toute confusion et surtout pour ne pas vous blesser mutuellement. Plus vous êtes clairs, et plus vous êtes clairs l'un envers l'autre, mieux cela se passera.

Rupture : L'opportunité de grandir et de se redécouvrir

Se séparer de quelqu'un avec qui on est en couple est une expérience difficile.
Les émotions se bousculent et on ressent souvent une profonde tristesse et un sentiment de perte.
Pourtant, au milieu de cette douleur, il y a aussi une opportunité de grandir et d'apprendre sur soi-même.
Le fait de se séparer peut être une occasion de réfléchir à ce que l'on veut vraiment dans une relation et de se redécouvrir en tant qu'individu.

C'est souvent pendant ces moments de rupture que l'on réalise à quel point on a changé et évolué en tant que personne.
On peut également se rendre compte que la relation n'était pas aussi épanouissante qu'on le pensait, ou qu'elle ne correspondait tout simplement plus à nos besoins et à nos aspirations.
Même si la fin d'une relation peut être douloureuse, elle peut aussi être libératrice.

Elle peut nous donner l'occasion de trouver une relation plus équilibrée et épanouissante, ou même de nous consacrer à nous-mêmes et à notre développement personnel.
En fin de compte, se séparer d'un partenaire peut être une étape nécessaire pour trouver le véritable amour et le bonheur dans nos relations futures.

La puissance de la solitude

“ Le moment où tu comprendras qu'il vaut mieux être seul
Plutôt que de poursuivre des personnes qui n'ont pas réellement d'intérêt pour toi

Ta vie s'améliorera, se perfectionnera, se développera. “

Les avantages de la vie de célibataire

Vivre pleinement, profiter de chaque instant et faire des rencontres sans se prendre la tête : voilà l'essence même de la vie de célibataire. C'est une période où l'on peut se consacrer à soi-même, explorer de nouvelles expériences et embrasser les opportunités qui se présentent, sans les contraintes d'une relation amoureuse.

La vie de célibataire offre **une liberté** incroyable, permettant de suivre ses propres passions, de découvrir de nouveaux horizons et de se connecter avec des personnes différentes. Il n'y a pas de pression ni d'obligation de plaire à quelqu'un d'autre. On peut se concentrer sur son propre bonheur, sur le développement de soi et sur l'épanouissement personnel.

Profiter du célibat, c'est aussi **s'ouvrir aux rencontres sans attentes excessives.** Il n'est pas nécessaire de chercher désespérément l'amour ou de se mettre la pression pour trouver la personne idéale. Au contraire, laissez-vous porter par les rencontres spontanées, les moments de complicité et les échanges authentiques. Appréciez chaque personne que vous rencontrez, qu'elle devienne un ami, un amant ou simplement une belle rencontre éphémère.

L'un des aspects les plus gratifiants de la vie de célibataire est l'autonomie. Vous avez la liberté de prendre des décisions sans avoir à consulter ou à tenir compte des besoins et des opinions d'un partenaire. Cela vous permet d'explorer vos propres intérêts, de vous consacrer à vos passions et de façonner votre vie selon vos propres termes.

Profitez de cette autonomie en vous lançant dans de nouvelles aventures, en essayant de nouvelles activités et en découvrant de nouveaux endroits. C'est l'occasion idéale pour vous concentrer sur votre croissance personnelle et pour vous épanouir en tant qu'individu.

La vie de célibataire offre également une opportunité précieuse pour **la découverte de soi.** C'est le moment de creuser en vous-même, de vous comprendre profondément et de définir vos valeurs, vos aspirations et vos objectifs personnels. Prenez le temps de réfléchir à ce qui vous rend heureux, à vos besoins et à vos désirs. Explorez vos passions, vos talents et vos compétences. Développez une relation aimante et bienveillante avec vous-même, car cela jettera les bases solides pour les relations futures.

N'oubliez pas qu'être célibataire ne signifie pas être isolé ou seul. Cultivez vos amitiés, votre famille et votre réseau social. Entourez-vous de personnes positives et soutenantes qui partagent vos intérêts et vos valeurs. Les liens sociaux sont essentiels pour le bien-être émotionnel et peuvent enrichir votre vie de célibataire

Profiter de la vie, c'est aussi s'ouvrir aux rencontres sans attentes excessives. Il n'est pas nécessaire de chercher désespérément l'amour ou de se mettre la pression pour trouver la personne idéale. Au contraire, laissez-vous porter par les rencontres spontanées, les moments de complicité et les échanges authentiques. **Appréciez chaque personne** que vous rencontrez, qu'elle devienne un ami, un amant ou simplement une belle rencontre éphémère.

Quels sont les avantages et les inconvénients que vous trouvez dans la vie de célibataire ?

....

....

....

....

Quels sont vos principaux objectifs lorsque vous rencontrez de nouvelles personnes en tant que célibataire Trouver l'amour ou laisser les choses se dérouler naturellement sans chercher activement une relation amoureuse ? Pourquoi?

....

....

....

....

....

Rencontrer quelqu'un qui nous correspond

Diverses opportunités s'ouvrent à nous pour rencontrer de nouvelles personnes et apprendre à établir des connexions authentiques et profondes.. Que ce soit en ligne, lors d'événements sociaux ou à travers nos hobbies, il existe de nombreuses opportunités pour trouver quelqu'un qui nous corresponde.

Les rencontres en ligne sont devenues de plus en plus populaires ces dernières années. Les plateformes de rencontres offrent la possibilité de rencontrer des personnes ayant des intérêts similaires et qui cherchent également à établir des relations significatives. Soyez honnête dans votre profil et engagez-vous dans des conversations sincères.
Prenez le temps de vous connaître mutuellement avant de décider de passer à l'étape suivante.

Les événements sociaux sont également une excellente occasion de rencontrer de nouvelles personnes. Que ce soit lors de fêtes, de conférences, de rencontres professionnelles ou d'activités communautaires, ces moments rassemblent des individus partageant des intérêts communs. Approchez les gens avec curiosité et bienveillance, et n'hésitez pas à entamer des conversations sur des sujets qui vous passionnent. C'est souvent à travers ces interactions spontanées que des connexions peuvent se former.

Les hobbies et les passions sont des domaines propices pour rencontrer quelqu'un qui partage nos intérêts. Que ce soit le sport, la musique, l'art, la lecture ou tout autre domaine, ces activités vous permettent de rencontrer des personnes ayant des affinités communes. Vous pourriez être surpris de trouver des personnes qui partagent vos passions, vos valeurs et vos objectifs de vie.
Lors des premières rencontres, la communication et la compréhension mutuelle sont essentielles pour établir une connexion solide. Posez des questions ouvertes et montrez un réel intérêt pour ce qu'il ou elle partage. **Soyez vous-même et soyez honnête** dans vos intentions.
Pour améliorer votre confiance et votre image de soi lors des rencontres, il faut cultiver une bonne estime de soi. Apprenez à vous aimer et à vous accepter tel que vous êtes. Faites des activités qui vous font vous sentir bien dans votre peau et qui renforcent votre **confiance**.
En étant bien dans votre propre peau, vous attirerez naturellement des personnes qui vous correspondent.

En conclusion, rencontrer quelqu'un qui nous correspond demande une ouverture d'esprit. Les rencontres en ligne, les événements sociaux et les hobbies offrent des opportunités pour établir des connexions. En communiquant, en cultivant notre confiance et en étant authentiques, nous sommes en mesure de trouver des relations qui enrichissent notre vie. Gardez à l'esprit que la patience et la persévérance sont importantes lors du processus de rencontre, et soyez ouvert aux surprises et aux opportunités qui se présentent sur votre chemin.

Épanouir une relation saine : Conseils

Cultiver une relation saine est essentiel pour épanouir une connexion durable avec quelqu'un qui nous correspond. Voici quelques conseils pour développer une relation épanouissante :

1 - Communication ouverte : Favorisez une communication honnête et transparente avec votre partenaire. Exprimez vos sentiments, besoins et attentes de manière claire et respectueuse. Écoutez également votre partenaire pour mieux comprendre ses pensées et sentiments.

2 - Gestion des conflits : Les conflits sont inévitables dans toute relation, mais il faut les aborder de manière constructive. Apprenez à écouter et à comprendre les perspectives de l'autre. Cherchez des solutions mutuellement satisfaisantes et évitez les comportements toxiques tels que la critique excessive ou le mépris.

3 - Confiance et respect mutuel : Construisez un fondement solide de confiance et de respect mutuel. Honorez vos engagements et soyez loyal envers votre partenaire. Respectez ses besoins, ses opinions et son individualité. La confiance et le respect nourrissent une relation épanouissante et solide.

4 - Valorisation de l'individualité : Tout en étant en couple, il faut préserver votre individualité et votre vie personnelle. Maintenez vos propres intérêts, hobbies et cercle social. Ce qui permet à chacun de s'épanouir en tant qu'individu et d'apporter une richesse à la relation.

En cultivant une communication ouverte, en construisant la confiance et le respect mutuel, vous pouvez développer une relation épanouissante et saine. N'oubliez pas que chaque relation est unique, et il faut ajuster ces conseils en fonction de vos propres valeurs et dynamiques relationnelles.

Les échecs dans les relations

Les échecs et les déceptions font partie du parcours des rencontres et des relations. Ils peuvent être difficiles à accepter, mais il faut reconnaître ces expériences comme des opportunités d'apprentissage et de croissance personnelle.

Les relations ne sont pas toujours faciles, et il est courant de rencontrer des obstacles sur notre chemin. Prenez le temps de faire le deuil de vos déceptions, mais ne laissez pas ces échecs vous définir. Chaque expérience offre une leçon précieuse qui peut vous guider vers une meilleure compréhension de vos besoins et de vos désirs.

Lorsque vous rencontrez des difficultés, il faut prendre du recul et réfléchir objectivement à la situation. Analysez ce qui s'est passé, identifiez les leçons à retenir et envisagez comment vous pouvez améliorer vos futures relations.. Ne vous blâmez pas excessivement pour les échecs passés. **Acceptez** que vous êtes humain et que les erreurs font partie de la vie. Apprenez à vous pardonner et à vous donner une seconde chance.

N'oubliez pas que les échecs ne doivent pas vous décourager, mais plutôt vous motiver à continuer à avancer. Continuez à rencontrer de nouvelles personnes, à explorer de nouvelles connexions et à rester ouvert aux possibilités. Gardez à l'esprit que **chaque rencontre est une nouvelle opportunité** de découvrir une personne qui vous correspond.

Avancer face aux épreuves de la vie

“ La vie déborde d'événements dont certains peuvent être indésirables...
mais malheureusement, ils ne sont pas toujours évitables...

Dans ces moments-là, il faut donner le meilleur de nous-même
et continuer d'avancer malgré les difficultés. “

La Convergence des Cœurs : Nourrir, Comprendre et Cultiver des Relations Épanouissantes

En parcourant ces pages remplies de réflexions et de conseils sur les relations, nous nous sommes aventurés dans les profondeurs de l'amour et de la complexité humaine. Nous avons exploré les défis que les couples peuvent affronter, du célibat à l'infidélité, de l'amour à la violence. Nous avons plongé dans les méandres des sentiments, de l'abandon et de l'espoir.

Ce livre n'a pas la prétention de détenir toutes les réponses. Après tout, chaque relation est unique, chaque individu est différent. Cependant, nous avons rassemblé des idées, des réflexions et des expériences pour vous aider à comprendre et à guérir vos cœurs.

Au fil des pages, nous avons appris que l'amour est un voyage sans fin. Il demande du temps, de l'engagement et de la patience. Nous avons réalisé que la communication ouverte et honnête est la pierre angulaire de toute relation saine. Nous avons découvert que la confiance est fragile, mais qu'elle peut être reconstruite avec du temps et des actions sincères. Nous avons compris que le pardon, bien qu'il puisse sembler impossible parfois, peut libérer nos cœurs et guérir nos blessures les plus profondes.

En fin de compte, nous avons pris conscience que nous sommes tous des êtres imparfaits en quête d'amour et de connexion. Nous avons appris à embrasser notre vulnérabilité et à accepter celle des autres. Nous avons compris que les relations ne sont pas toujours parfaites, mais que nous pouvons grandir ensemble, en apprenant les uns des autres et en évoluant en tant qu'individus.

Alors que vous soyez en couple, célibataire, ou que vous soyez en train de guérir d'une trahison ou d'une violence passée, je vous encourage à continuer à croire en l'amour. N'ayez pas peur d'ouvrir votre cœur, même si cela signifie prendre des risques. Soyez doux envers vous-même et envers les autres. Et rappelez-vous toujours que la véritable guérison commence par l'amour que nous nous offrons et que nous offrons aux autres.

Que ce livre vous serve de guide dans vos relations, qu'il vous rappelle que vous n'êtes pas seul dans vos expériences, et qu'il vous inspire à cultiver des connexions profondes et significatives pour trouver l'amour, la paix et la guérison dont vous avez besoin pour épanouir votre cœur.

<< Gardez toujours espoir, écoutez attentivement votre cœur et entretenez-le avec soin. >>

Création: Juillet 2023
Créateur: BALAT Cyril, Toulouse
Imprimé à la demande
Date de la première impression: Juillet 2023
Prix: 14,99 Euros
Code ISBN : 9798852664914